V&R

Arne Ulbricht

Lehrer – Traumberuf oder Horrorjob?

Ein Insiderbericht

Vandenhoeck & Ruprecht

Bibliografische Information der Deutschen Nationalbibliothek

Die Deutsche Nationalbibliothek verzeichnet diese Publikation in der
Deutschen Nationalbibliografie; detaillierte bibliografische Daten sind
im Internet über http://dnb.d-nb.de abrufbar.

ISBN 978-3-525-70147-8
ISBN 978-3-647-70147-9 (E-Book)

Umschlagabbildung: Peshkova/Shutterstock.com

Satz: SchwabScantechnik, Göttingen
Druck und Bindung: ⊕ Hubert & Co. Göttingen

Inhalt

In den letzten dreißig Jahren haben zahlreiche Lehrerinnen und Lehrer mein Leben geprägt. Einige haben meine eigene Schulzeit bereichert. Andere haben mir im Referendariat oder als Kolleginnen und Kollegen in zahlreichen Lehrerzimmern Beistand geleistet.

Alle haben mich auf die eine oder andere Weise beim Schreiben dieses Buches inspiriert.

Danke …

… Renate Behr, Kathi Grull, Manfred Jambroschek, Donata und Martin Krotz, Robert Lucke, Anja Riemann, Jürgen Sacht, Dr. Bernd Schedlitz, Günter Schmidt, Dr. Horst Seelemann (in memoriam), Uwe Trautsch und Volker Weidermann

Prolog

Weißt du, woran ich heute denken musste? Nein? Also heute musste ich daran denken, wie wir früher in der Adventszeit jeden Nachmittag – ich wiederhole: *jeden* Nachmittag – gemeinsam Kerzen angezündet und Kuchen gegessen haben. Kuchen, den meine Mutter am selben Tag gebacken hat. Ich kann am Wochenende Kuchen backen. Oder ich stehe um vier Uhr morgens auf. Oder ich backe nachts. Denn nachmittags muss ich arbeiten. *Jeden* Nachmittag.
Meine Frau, die in einem Pharmakonzern in leitender Funktion arbeitet und Lehrerkind ist.

Lehrer??? Puh, harter Job bei den Kindern heute. Also ich könnte das nicht.
Ein Handwerker, der bei uns die Fenster repariert hat.

Warum ich kein Lehrer geworden bin? Nun, es gibt eben auch ehrgeizige Menschen. Als Lehrer wird man ja in so ein Kollegium geworfen, in dem man dann quasi nicht aufsteigen kann. Und am Ende zeige ich am besten noch wirklich Einsatz, und neben mir im Lehrerzimmer sitzt so ein Hausbesitzer in einem zwanzig Jahre alten Cordsakko, verdient A14,[1] weil man früher ja am laufenden Band befördert worden ist, geht mit dem Schulbuch unter dem Arm in den Klassenraum und fragt seine Schüler, wo sie stehen geblieben waren.
Ein Schulfreund auf dem zehnjährigen Abijubiläumstreffen.

---

1 Grund- und Hauptschullehrer bekommen in der Regel, wenn sie verbeamtet sind, A12, Gymnasiallehrer A13. Früher war es aber nicht allzu kompliziert, nach A14 befördert zu werden. Gemeint sind bei solch allgemeinen Formulierungen in der Regel auch Direktorinnen, Lehrerinnen, Schülerinnen und Referendarinnen.

***

Ach, Sie sind Lehrer? Dann sind Sie doch wahrscheinlich verbeamtet? Das ist immer gut!
Ein Zahnarzt in Hamburg, den ich dann allerdings enttäuschen musste.

***

Lehrer! Ha ha ha! Das ist toll! Ha ha ha! Morgens hat man vier Stunden Unterricht! Ha ha ha! Und nachmittags frei! Ha ha ha! Und dann noch die ganzen Ferien! Ha ha ha! Großartig! Ha ha ha!
Eine zwanzigjährige polnische Studentin, mit der ich auf der Dachterrasse eines Hostels in der Jerusalemer Altstadt saß.

***

Lehrer! Krass! Echt Krass! Mann, o Mann! Das stelle ich mir tierisch stressig vor. Die beschissenen Schüler heute, die nur noch Scheiße bauen, und dann die wahrscheinlich noch viel beschisseneren Eltern, die denken, ihre Kinder taugen etwas!
Ein Umzugshelfer, als er in Berlin eine Kiste packte, die später in Wuppertal wieder ausgepackt werden musste.

***

Meine Nichte war auf Klassenfahrt. Und weißt du, was die Lehrer gemacht haben? Du wirst es nicht glauben! Die haben gesoffen wie die Löcher. Erst machen sie Urlaub auf Staatskosten, und dann saufen sie, anstatt sich um die Schüler zu kümmern. Von was für Menschen werden eigentlich unsere Kinder unterrichtet?
Eine ältere Frau in einem Sechserabteil zu einer gleichaltrigen Frau; sie wussten nicht, dass ihnen gegenüber ein solcher Mensch saß.

***

Lehrer. Och Arne, das ist was für dich. Das ist ein so schöner Beruf, das kannst du bestimmt gut!
Meine Oma, als sie erfuhr, dass ich nicht mehr Polizist, sondern Lehrer werden wollte.

***

Es gibt ja Lehrer, die behaupten, sie korrigieren wirklich *jeden* Tag. Und weißt du was? Denen glaube ich nicht. Die können mir erzählen, was sie wollen, aber die korrigieren doch nicht in den Sommerferien, weil sie nach den letzten Zeugniskonferenzen noch acht Klassensätze Arbeiten mitgenommen haben … in den Sommerferien … die so lang wie mein … wie mein … *wie mein Jahresurlaub* sind.

Eine Freundin, die zum Zeitpunkt ihrer Äußerung in einem Verlag für die Filmrechte zuständig war.

✱✱✱

Wenn ich daran denke, was meine Mutter für eine Pension bekommt, dann wird mir fast schwindelig. Und das Absurde ist, dass sie im Gegensatz zu mir und all meinen Kollegen und fast allen anderen arbeitenden Menschen nie auch nur einen Cent in eine Pensions- beziehungsweise Rentenkasse gezahlt hat. Weißt du, wie viel ich einzahle? Das ist doch alles verrückt! Als Angestellter, da musst du ja ein Jahresgehalt von sechzig- bis siebzigtausend Euro haben, um auf euren Nettomonatslohn zu kommen. Und so ein Gehalt habe ich zum Beispiel nicht.

Ein Freund, der Lehrerkind und als Rechtsanwalt in einer Kanzlei beschäftigt ist.

✱✱✱

Lehrer bist du? Das finde ich mutig. Wird man nicht krank dabei, wenn man vor Schülern steht, die von ihren Eltern nicht mehr erzogen werden?

Eine Mutter in einem PEKIP-Kurs, während ich in Elternzeit war.

✱✱✱

»Wenn du eine volle Stelle hast und 26 Stunden unterrichten musst …«, sagte ich.

»Du meinst zwanzig Stunden. Ihr Lehrer rechnet immer ziemlich steil, wenn es um eure Arbeitszeiten geht. 26 Schulstunden entsprechen zwanzig Zeitstunden. Und dann fangt ihr doch meistens noch fünf Minuten später an und hört drei Minuten früher auf. Bei uns ist das anders. Wir arbeiten an 46 Wochen im Jahr jede Woche 45 bis 55 Stunden. Und die Stunden, von denen ich rede, die haben sechzig Minuten.«

Ein Vater, den ich an einem harmlosen Samstagmorgen in Berlin auf dem Spielplatz traf.

###

»An der Schule, an der ich bin, habe ich nur Anfängerunterricht in Französisch, mein Sportkollege hat gestern eine fünfstündige Klausur geschrieben und Montag schreibt er vier Stunden Pädagogik, und Deutschlehrer, die …«, sagte ich, als mich meine Frau während einer Phase des Müßiggangs erwischt hatte. Doch sie unterbrach mich: »So was gibt es bei uns nicht. Da arbeitet jeder gleich viel. Immer. Ihr Lehrer habt keine Ahnung, wie es sich anfühlt, wenn man drei Monate am Stück arbeitet, in diesen drei Monaten weder Ferien noch bewegliche Ferientage noch Stundenausfall oder so was hat und während dieser Monate *nicht einen einzigen Werktag* vor halb sieben nach Hause gekommen ist, obwohl man schon um acht Uhr morgens im Büro saß.

Lehrer – das Dauerthema

Warum bloß gibt es so viele Bücher zum Thema *Lehrer?* Und warum werden immer wieder neue geschrieben? Die Antwort ist durchaus naheliegend: Es gibt allein in Deutschland knapp achthunderttausend Lehrer. Viele sehen sich selbst oft im falschen Licht dargestellt. Jeder Einzelne von ihnen hat, das versteht sich von selbst, eine Meinung über seinen Beruf. Und es gibt über elf Millionen Schüler, die alle eine Meinung über Lehrer haben. Und die Eltern dieser Kinder, das sind weitere gut zwanzig Millionen Erwachsene, die erstens eine Meinung über Lehrer haben, weil ihre Kinder zur Schule gehen, und zweitens, weil sie selbst zur Schule gegangen sind. Und … – ach lassen wir das. Eigentlich gibt es überhaupt nur eine einzige Gruppe in Deutschland lebender Menschen, die definitiv keine Meinung zum Thema Lehrer hat: Kinder unter fünf Jahren.

Lehrer – geliebt und gehasst.[2] Von Schülern und von Exschülern, die später oft Eltern schulpflichtiger Kinder sind. Manchmal begegnet man auch dankbaren Eltern. Sogar dankbaren Schülern. Und ja, es kommt vor, dass einem verbal auf die Schulter geklopft wird. Harter Job, den ihr habt, heißt es. Aber häufiger hat man das Gefühl, dass man irgendwie immer an allem Möglichen schuld sei. Der klassische Sündenbock eben, dem es zu *verdanken* ist, dass die eigenen Kinder am Gymnasium nicht mehr mitkommen. Dabei hatten sie gar keine Gymnasialempfehlung gehabt. Aber auch daran waren ja die Lehrer schuld. Noch häufiger hört man mehr oder weniger verklausuliert, dass wir »faule Säcke«[3] seien. In vielen Teilen der Bevölkerung werden wir allein für unser vermeintlich angenehmes Leben geradezu gehasst. (Oder beneidet?) So denken die anderen, die Nichtlehrer.

---

2   Es gibt sogar ein Buch mit dem Titel *Das Lehrerhasserbuch* (von Lotte Kühn, 2005).
3   Gerhard Schröder hat diesen Ausdruck in seiner Funktion als niedersächsischer Ministerpräsident im Jahr 1995 anlässlich eines Interviews für eine Schülerzeitung benutzt. Das fünfte Kapitel im Lehrerhasserbuch heißt übrigens: *Warum Lehrer doch faule Säcke sind.*

Und die Lehrer? Oft hat man den Eindruck, Lehrer wissen selbst nicht genau, ob sie ihren Beruf nun lieben oder hassen sollen. Manchmal erwecken sie den Eindruck, sie hätten die Arschkarte unter allen Akademikerberufen gezogen. Mit einem unverhältnismäßig hohen Arbeits- und Stressaufkommen, das im krassesten Widerspruch zum mageren Gehalt steht, das sie beziehen. Für diese Lehrer ist der Beruf ein Horrorjob. Sie sagen es nicht, aber man hat den Eindruck, sie dächten es wirklich. Zum Glück begegnet man aber auch immer wieder Lehrern, die sofort sagen, sie würden immer wieder Lehrer werden. Weil es ein Traumberuf ist.

Darum – um beide Seiten der Medaille (beziehungsweise der Verbeamtungsurkunde, die vielen so wichtig ist) – geht es in diesem Buch.

Dieses Buch wird übrigens keine Hymne an das deutsche Bildungssystem werden. Denn es gibt etwas, das mich durch meine Jahre, die dem Referendariat folgten, wie ein Schatten begleitet hat. Wie ein dunkler Schatten: der Bildungsföderalismus!

Viel wird davon geredet. Selten werden aber diejenigen gehört, die unter ihm gelitten haben. Wie fühlt es sich eigentlich an in diesem Irrgarten? Wie wird man von den Behörden behandelt? Wie – genauer: in was für einem Tonfall – wird einem erklärt, dass man auch im vierten Bundesland wieder alle Unterlagen einreichen muss, selbstverständlich beglaubigt? Dass ich zum Opfer dieses Systems wurde, lag daran, dass ich meiner beruflich erfolgreicheren Frau mehrfach hinterhergereist bin und daher (Referendariat inklusive) in vier Bundesländern unterrichtet und in einem fünften studiert habe. Daher konnte ich jahrelang nur Krankenvertretungen übernehmen und stand infolgedessen regelmäßig mitten im Schuljahr vor Klassen, denen ich wenige Monate später das Abitur abnehmen sollte. Die Antwort auf die Frage, warum ich mir irgendwann gar nicht mehr vorstellen konnte, *nicht* mehr Vertretungslehrer zu sein (inzwischen bin ich es nicht mehr), hat natürlich ebenfalls ein eigenes Kapitel verdient.

Lehrerliebhaberbuch? Zu gern! Das Problem dabei: Auf meiner Odyssee durch die Schulen und Lehrerzimmer haben mich selbst meine Lieblingskollegen manchmal genervt. Und zwar …

1. … mit ihrem Dauerlamento. Immer wird genörgelt. Dabei sind viele Lehrer eigentlich zufrieden und würden auch im nächsten Leben nichts anderes werden wollen. Dass ein Lehrer gern Lehrer ist, hört man aber frühestens nach der achten Nachfrage.

2. … mit ihrer Neigung, von den Vorzügen einer Verbeamtung zu schwärmen, als gäbe es nichts Erstrebenswerteres im Leben als die Verbeamtung (auf Lebenszeit). Ich war irgendwann derart angeödet von diesem Thema, dass allein der Klang des Wortes *Verbeamtung* Aggressionen in mir weckte und ich mir nur noch zu helfen wusste, indem ich einen zornigen Antiverbeamtungsartikel schrieb. Um diesen Artikel und vor allem um die scharfen Reaktionen darauf geht es im Verbeamtungsteil.

Aber zunächst soll es um etwas anderes gehen: Wie kommt man eigentlich ausgerechnet auf die Idee, Lehrer zu werden? Und wie ging es nach dem Abitur weiter? Hat das Lehramtsstudium im ausgehenden zwanzigsten Jahrhundert in Kiel und Tübingen Lust gemacht auf den späteren Lehrerberuf?

Vor allem im Rückblick ist dieser lange Prozess – wie der Schüler, der Noten bekommen und Lehrer manchmal entsetzlich gefunden hat, zum Lehrer wird, der selbst Noten gibt und den die Schüler manchmal entsetzlich finden – in jeder Hinsicht kurios.

Abschließen möchte ich diese einleitenden Bemerkungen mit einer Warnung: Wer sich für neue Methoden interessiert, seine Methodenkenntnis vertiefen möchte oder wer auf der Suche nach dem Rezept für eine alltagstaugliche Didaktik ist, der sollte dieses Buch nicht lesen. Ein solches Buch müssen andere schreiben.

Allen anderen wünsche ich: Viel Spaß!

Teil I: Der Schüler, der ein Lehrer wurde

Vermutlich wollte jeder Junge irgendwann mal Astronaut werden. Das liegt ja auch durchaus nahe. Man guckt zum Himmel und denkt: Wow, da oben, auf dem Mond, muss es toll sein. Und schon ist ein Berufswunsch geboren. So schnell, wie der Astronautenwunsch geboren wird, stirbt er allerdings auch wieder.

Ich selbst erinnere mich nicht mehr genau daran, ob ich Astronaut werden wollte. Mein erster konkreter Berufswunsch lautete: Detektiv, und irgendwann, als ich selbst merkte, dass Detektive eher in Krimis auftauchten, war ich mir plötzlich sicher, Polizist werden zu wollen. Ich ging schon aufs Gymnasium und seltsamerweise hielt sich dieser Wunsch über viele Jahre hinweg. Ich wollte zur Kriminalpolizei. Auch als ich in der Phase der späten Pubertät mit langen verzottelten Haaren herumlief und mich sagenhaft cool fand, rückte ich nicht ab von diesem Wunsch. Als es so weit war, hieß es in Eutin, wo in Schleswig-Holstein Polizisten ausgebildet werden, man stelle momentan nur in den Mittleren Dienst ein. Komischerweise war der Berufswunsch in diesem Augenblick wie von einer Sturmböe weggefegt. Er war plötzlich nicht mehr da, als hätte er nie existiert. Anstatt in ein Loch zu fallen, weil mir eine Perspektive fehlte, füllte ich das Loch einfach: Ich beschloss, Lehrer zu werden. Und zwar für Geschichte und Französisch. Das waren meine Leistungskurse. Das waren die Fächer, in denen ich gut war. Das waren die Fächer, die mich interessierten.

Aber warum wollte ich eigentlich Lehrer werden? Waren meine Geschichts- und Französischlehrer meine Idole gewesen, denen ich nacheifern wollte? So wie kleine, deutschtürkische Jungs heute von einer Karriere träumen, wie sie ihnen Mesut Özil vorlebt? Die Wahrheit ist: Damals dachte ich überhaupt nicht darüber nach. Wenn man mich gefragt hätte, hätte ich gesagt: »Hauptsache irgendwas studieren!«

Im Rückblick waren es nicht unbedingt Gedanken, sondern Gedankenlosigkeit und Naivität: Dass es durchaus anstrengend sein könnte, vor dreißig Schülern zu stehen, interessierte mich nicht. Ich dachte eher daran, wegen der vermeintlich freien Nachmittage und der Ferien als Lehrer weiterhin viel Sport treiben zu können. Damals war ich neunzehn Jahre alt, hatte den roten Gurt in Tae-Kwon-Do und sollte auch in den folgenden Jahren viele Stunden wöchentlich im Trainingsraum verbringen.

Mein Freund C. sagte damals: »Lehrer? Da verdient man doch nichts!« Er selbst wolle später viel arbeiten und viel verdienen. Und meine Eltern? Sie, die überrascht waren, dass ich ohne Schwierigkeiten und ohne Nachhilfe durchs Gymnasium geschlittert war, sagten: »Toll, das ist was für dich!«

Da das auch meine Großmutter sagte, habe ich es dann einfach geglaubt und die mir zugeschriebenen Fähigkeiten in den folgenden Jahren nie wieder hinterfragt.

Das sollte ich erst später tun.

»Wie waren Sie eigentlich als Schüler?«

Manchmal wird man das von Schülern gefragt. Zu Recht. Denn ein Lehrer, dessen Beruf es ist, Schülern etwas beizubringen und sie manchmal jahrelang zu begleiten, der war nun mal selbst Schüler. Eigentlich hat jemand, der Lehrer wird, nichts anderes getan als die Fronten zu wechseln.

Nun, wie war ich als Schüler? War ich …

… Klassen- bzw. Schulsprecher, also ein Schüler, der bereit war, für eine Klasse oder die ganze Schule Verantwortung zu übernehmen?

… ein Mobbingopfer, das unter den anderen Schülern gelitten hatte (und sich später rächen wollte)?

… ein Täter, den später die Reue plagte?

… oder einfach bloß ein Albtraum?

Der Albtraum

In der allerersten Klasse war ich der Albtraum meines Lehrers. Ich erinnere mich dunkel, dass ich sehr oft im Flur vor dem Klassenraum stand. Das war die Garderobe. Und dort stand ich, weil ich mal wieder rausgeflogen war. Wie sich der Prozess des Rauswurfs abgespielt hatte, weiß ich nicht mehr. Ich weiß nur noch: Ich stand da … und es war mir herzlich egal. Schule? Was sollte ich da überhaupt? Ich wohnte in Schilksee, einem Vorort von Kiel, als Richter- und damit Beamtensohn schon fast klischeehaft in einem Reihenhaus, vierhundert Meter von Steilküste und Strand entfernt. Was sollte ich also in der Schule, wenn es den tollsten Abenteuerspielplatz direkt vor der Haustür gab? Dann wurden irgendwann meine Eltern, die dachten, alles liefe gut, von meinem Klassenlehrer angerufen. Nachdem sie den ersten Schock überwunden hatten, willigten sie ein, dass ich das erste Schuljahr noch einmal wiederholen sollte. Und das war die im Rückblick betrachtet beste Entscheidung, die sie je für mich getroffen haben. Es ist traurig, bitter und verantwortungslos, dass heute viel zu wenig Eltern bereit sind, solche Entscheidungen zu treffen, sondern stattdessen eher dazu neigen, ihre Kinder zu früh einzuschulen oder sie gar zu vorschnell in Hochbegabtenschulen unterzubringen, um sie später auf das vermeintlich beste Gymnasium zu schicken.

Der Schüler, der später Lehrer wurde, war kein durchgehender Albtraum, und ein schlimmer Schüler war er auch nicht. Das Albtraumhafte blitzte nur hin und wieder auf. Und Hausaufgaben hat er, obwohl er immer ziemlich chaotisch war (und noch immer ist), seltsamerweise selten vergessen.

Aber eine Sache war doch irgendwie ziemlich schlimm: Einer naiven Referendarin, auf die ich noch zu sprechen kommen werde, war es gelungen, die wenige kriminelle Energie, die tief in mir schlummerte, freizusetzen. Sie hatte immer Lösungszettel für die Mathearbeiten angefertigt, die sie unmittelbar *nach* der Arbeit verteilte. Wir folgerten daraus, dass die Zettel dann ja *vor* der Arbeit in ihrer Tasche sein müssten. Die Tasche hatte die Referendarin im Raum stehen lassen, in dem wir zuvor Physik gehabt hatten. Das war natürlich ein Anfängerfehler: Man lässt keine wichtigen Unterlagen im Klassenraum. (Selbst wenn der Raum während der Pause abgeschlossen wird, kommt es vor, dass irgendein Lehrer den Raum während der Pause aufschließt, wenn ein Schüler ihn zum Beispiel wegen eines vergessenen Turnbeutels darum bittet.) Und in der Tasche, in der ich wie ein schamloser Dieb herumwühlte, suchte und fand ich den Zettel, während zwei Freunde Schmiere standen. Was dachten wir uns dabei?

Mein Freund war und blieb bis zum Abitur der beste Schüler in Mathe. Und ich war nie gut, aber auch nie schlecht. Mal schrieb ich eine Zwei, mal eine Drei. Wir dachten wirklich, wir täten etwas Richtiges, als wir den Lösungszettel – wir selbst hatten ihn nicht nötig – während der Arbeit rumreichten. Schade nur, dass einige Mitschüler zu blöd waren und einfach die Ergebnisse hinschrieben. Die Arbeit wurde nicht gewertet. Der Skandal war groß. Die Referendarin nicht zum ersten und nicht zum letzten Mal am Boden zerstört. Und ich, der Richtersohn, lag nächtelang wach. Aber mich verpetzte niemand. Obwohl es jeder wusste.

Die Referendarin wird übrigens wochenlang wach gelegen haben. Nicht nur, weil sie eine neue Arbeit hatte konzipieren müssen. Sondern vor allem, weil die ganze Klasse über sie lachte und weil ihr Seminarleiter und vielleicht auch die Schulleitung ihr mit Sicherheit Vorwürfe gemacht haben.

An solche Sachen denkt man als Schüler aber nicht.

Täter

Irgendwann stand Melanies[4] Vater bei uns vor der Tür und hat sich bei meiner Mutter beschwert. Zum Glück war der Vater so unklug zu sagen, dass wir seine Tochter »wie die Mafia« bedrängen würden. Daraufhin hat meine Mutter ihn weggeschickt, und ich habe geschworen, dass da nichts Wahres dran sei. War es aber. Es muss furchtbar gewesen sein für Melanie. Sie hatte bestimmt Angst vor dem Schulweg. Jeden Tag musste sie befürchten, von ein paar Wilden ins Gebüsch geschubst und dann ausgelacht zu werden. Wahrscheinlich fühlte sie sich auch nicht anders als ein Zehntklässler, der ständig abgezogen wird. Wir fanden das witzig.

Das war allerdings harmlos im Vergleich zu dem, was wir Clodwig angetan haben. Heute frage ich mich: War das, was wir getan haben, aber wirklich so grauenhaft? Um diese Frage zu beantworten, wechsele ich die Perspektive: Ich stelle mir vor, wie mein achtjähriger Sohn jeden Tag in der Pause folgenden Schlachtruf hören muss: »Jetzt in die Mülltonne mit ihm!« Und dann wird *mein* Sohn über den Schulhof gejagt und in eine der großen Mülltonnen geworfen! In meiner Erinnerung haben wir das mit Clodwig jeden Tag gemacht. Aber wahrscheinlich war es so oft nun auch wieder nicht. Vielleicht landete Clodwig auch nur wenige Male in den großen Mülltonnen. (Was ich mich heute frage: Wo war damals eigentlich die Pausenaufsicht?) Einmal kam Clodwig

---

4 Alle Namen geändert.

nach einer solchen Aktion am folgenden Tag mit einem eingegipsten Arm in die Schule. Wahrscheinlich habe nicht nur ich gedacht, dass wir jetzt ins Gefängnis müssen. Ja, es war grauenhaft, was wir gemacht haben. Kinder können grauenhaft sein.

Und später? Kleine, harmlose Prügeleien mit Schülern aus der Parallelklasse, unerlaubte Aufenthalte im Aufenthaltsraum während der Pause, und ja, die Sache mit dem Applaus (siehe *Die Lehrer des späteren Lehrers/Referendare*) hat wohl einigen wehgetan und andere einfach bloß genervt. Das gehört aber irgendwie auch in das Kapitel, in dem es um die Lehrer geht, die ich selbst hatte. Denn dass die Sache mit dem Applaus derart eskalierte, lag nicht nur an uns.

Fazit: Es gab schlimmere Schüler. Aber auch bravere.

Mobbingopfer?

Bis zur siebten Klasse war ich immer der Älteste, weil ich – siehe oben – gleich die erste Klasse wiederholt habe. Ich konnte gut Fußballspielen, wurde bei *Pisspott* immer als Erster oder Zweiter gewählt, und die Mädchen ekelten sich nicht, wenn sie mich beim Flaschendrehen küssen mussten. Dann kamen zwei Sitzenbleiber, vergifteten erstens das Klima in unserer Klasse und raubten mir zweitens meine vorteilhafte Rolle, die ich ohne viel Zutun bis dahin in der Klasse gespielt hatte. Beide waren älter als ich. Einer von ihnen spielte besser Fußball als ich. Der andere war Leistungsturner mit entsprechendem Körperbau. Die Mädchen himmelten diese Jungs geradezu an. Dann begannen die Jungs, der unterschwellige Konflikt dauerte bereits zwei Jahre an, Vespa zu fahren, zu rauchen und zu trinken. All das faszinierte die Mädchen und auch einige Jungs derart, dass aus den Prinzen kleine Könige wurden. Und ich? Ich fuhr erstens keine Vespa, zweitens rauchte ich nicht und drittens trank ich keinen Alkohol. Ich war ja Richtersohn. Der Milchbubi. Es kam zu Konflikten. Zu verbalen Konflikten. Dann auch zu gewalttätigen Konflikten. Ich war der, der, wenn er geschubst worden ist, zurückgeschubst hat. Ich will hier nicht so tun, als wäre ich der Held gewesen. Aber irgendwie hatte ich meinen Stolz. Ich hatte Angst, wenn ich zurückschubste oder den Ball, der auf mich im Sportunterricht ziemlich aggressiv geworfen worden war, zielsicher zurück (ins Gesicht des Werfers) warf. Aber unter keinen Umständen wollte ich die Angst zeigen. Ich vermute, dass dieser Konflikt auch deshalb nie eskaliert ist.

Alles hielt sich in Grenzen. Ich hatte in jener Zeit übrigens zwei Freunde. Freunde, mit denen ich jeden Tag auf dem Hof zusammenstand. Immer nur wir drei. C. und S. Sie hielten immer zu mir. Auch deshalb fühlte ich mich nie wirklich allein.

Und wie endete das, was unangenehm, aber nie wirklich schlimm gewesen war? Nun, einer der Sitzenbleiber begann ebenfalls mit Tae-Kwon-Do. Auch wenn es peinlich ist, das zu schreiben, aber ich war: besser! Infolgedessen war er dann in der Schule meistens nett zu mir.

Der andere Sitzenbleiber wurde mit mir zum Klassensprecher gewählt. In der zehnten Klasse saßen wir als Vertreter unserer Klasse während eines Elternabends nebeneinander. Die Lehrer haben nicht gut über die Klasse gesprochen. Und wir? Wir haben gemeinsam unsere Klasse verteidigt. Anschließend sind wir zwar keine Freunde geworden. Aber alles war gut. (Außerdem trank ich inzwischen Alkohol.)

Klassen- bzw. Schulsprecher

Der spätere Lehrer, ein engagierter Schüler? Nun ja, eigentlich nicht. Ich war einige Male Klassensprecher – zwei- oder dreimal. Seltsamerweise kandidierte ich mit meinem in jener Zeit stark politisierten Freundeskreis aber nicht für die SV (= Schülervertretung). Im Rückblick bin ich schlicht entsetzt über unsere Untätigkeit. Warum haben wir eigentlich die Verantwortung gescheut? Ich weiß es nicht. Lag es daran, dass ich in jener Zeit wann immer es ging, Tae-Kwon-Do trainierte? Keine Ahnung. Die Krönung meines Nichtengagements war das Abitur: Der Einzige aus dem ganzen Jahrgang, der später als Lehrer Schüler zum Abitur führen sollte, hielt sich aus sämtlichen Organisationsteams (Entlassung, Abizeitung, Abiball, usw.) heraus. Komplett und konsequent. Einfach bloß peinlich. Immerhin: Mitgefeiert habe ich dann doch – aber ist das nicht fast noch peinlicher? Nein, mit ein wenig Scham gebe ich zu: Ein besonders engagierter Schüler war der spätere Lehrer definitiv nicht!

∗∗∗

Vielleicht zeigte ich überhaupt nur zweimal als Schüler, dass in mir ein Lehrer steckte. Als ich als Betreuer im zwölften und 13. Jahrgang mit den Skimannschaften – bestehend aus Siebt- und Achtklässlern – mit meinem damaligen Lehrer in den Harz fuhr. Dass dies so war, lag auch an dem Lehrer, zu dem ich bis zu dessen Tod ein besonderes Verhältnis hatte.

Wie fand ich aber als Schüler generell meine Lehrer?

Schülerquäler und Partykönige: die Lehrer des späteren Lehrers

> ### Exkurs: Gute Lehrer, schlechte Lehrer

Tja, was ist das eigentlich? Ein guter Lehrer? Ein schlechter Lehrer? Es gibt natürlich viele Meinungen zu diesem Thema. Mindestens 99 Prozent aller Eltern finden immer die Lehrer gut, von denen die eigenen Kinder gute Noten bekommen. Sie sagen das in der Regel nicht so. Aber sie meinen es so. Das heißt: Sie finden Grundschullehrer gut, die dem eigenen Kind eine Gymnasialempfehlung geben. Oder sie finden Gymnasiallehrer gut, die den Abischnitt ihres Kindes heben.

Seminarleiter finden die Referendare gut, die genau das tun, was sie sagen, und jede Kritik höflich abnicken.

Rein formal sind diejenigen Lehrer am besten, die eine Eins im zweiten Staatsexamen haben. (Oder heute in einem gleichwertigen Abschluss.) Aber was soll man davon halten, dass in Schleswig-Holstein an meinem Seminar von knapp vierzig Referendaren im Jahr 2004 am Ende nur drei Referendare eine Eins bekommen haben, während in Hamburg an einem einzelnen Gymnasium, an dem ich im Jahr 2005 unterrichtete, *alle* Referendare an dieser Schule eine Eins erhalten haben? Zufall? Oder andere Bewertungskriterien? Oder was war da los?

Das Geo-Magazin[5] widmete dem Phänomen Lehrer eine Titelstory. Dort stand: »Der gute Lehrer benötigt zunächst herausragendes Fachwissen, das durch gute Didaktik ergänzt werden muss.« Und: »Nur, wer sich für Schüler begeistern kann und mit nachgiebigem Vergnügen täglich Beziehungsarbeit verrichtet, kann als Lehrer überleben.« Letzteres ist mit Sicherheit wichtiger als Ersteres. Was nützt einem das sensationelle Fachwissen, wenn das Fachwissen eines guten Abiturienten ausreicht, um bis zur zehnten Klasse Französisch zu unterrichten? Was nützt es, Literaturtheorien herunterbeten und auf den Nouveau Roman anwenden zu können, wenn man froh ist, wenn die

---

5 Geo-Magazin, Ausgabe 02/2011

Schüler irgendwann *Le petit Nicolas*[6] lesen können, ohne jede zweite Vokabel nachschlagen zu müssen?

Mein Bruder ist Professor für Finanzmathematik. In der Einleitung seiner Doktorarbeit zum Thema *Portfoliooptimierung unter Transaktionskosten* (die einzelnen Kapitel heißen zum Beispiel *Asymptopische Rendite unter Transaktionskosten* oder *Das Binomialmodell als Kontrollmodell*), war mir die Hälfte aller Wörter unbekannt. Er ist fachlich herausragend gut. So jemand sollte nicht Klassenlehrer einer siebten Klasse werden. Im Klassenraum verfault das Wissen, von dem 99 Prozent nie aktiviert wird, doch bloß. Solche Fachgenies sollten an die Unis oder woandershin.

Das Fachwissen eines Lehrers sollte selbstverständlich gut und vor allem fundierter als das Wissen der besten Schüler sein (mein Französischwortschatz sollte zum Beispiel umfangreicher sein), aber dass ein Lehrer über herausragendes Fachwissen verfügen muss – man liest es immer wieder – ist Blödsinn. So etwas denken mit Sicherheit vor allem Bildungstheoretiker, aber keine Lehrer.

Ein Lehrer muss noch immer *vor* der Schulklasse (be)stehen. Das ist der Punkt. Wenn er das nicht kann oder wenn es ihm dort *nicht gefällt,* dann ist er als Lehrer so nützlich wie ein Kapitän, der ab Windstärke drei seekrank wird. Und ja, wichtig ist, dass man nur ein guter Lehrer sein kann, wenn man diesen Beruf mit der nötigen Leidenschaft und Lust ausübt. Lust, Schüler für das, was man tut, zu begeistern. Heribert Prantl hat es in der SZ[7] folgendermaßen ausgedrückt: »Die guten Lehrer sind begeistert von dem, was sie tun. Sie unterrichten nicht einfach Biologie […]. Sie unterrichten junge Menschen in Biologie. Das ist ein Unterschied.« Und: »Es ist eine Kunst, jungen Menschen eine Tür zur Welt zu öffnen, sie neugierig zu machen.« Das stimmt. Die Autorität gesellt sich dann automatisch hinzu.

Und es gibt – das wird in jeder Debatte vergessen – vermutlich achtzig Wege zu einem Unterricht, der genau das schafft. Manchmal reicht es einfach, wenn man mit leuchtenden Augen vor der Klasse steht. Und manchmal reicht es nicht, obwohl man didaktisch, pädagogisch und fachlich ein Genie ist. Manchmal scheitert man an einzelnen Schülern.

---

6 Die Geschichten vom kleinen Nick sind alle ins Deutsche übersetzt. Der Asterix-Autor René Goscinny erzählt mit grandiosem Sprachwitz Alltägliches aus der Sicht eines vermutlich achtjährigen Jungen.

7 Süddeutsche Zeitung Nr. 293, 18./19. Dezember 2010

Oder an einer ganzen Klasse. Wenn man froh ist, einen Schüler loszu-werden, dann ist man an diesem Schüler gescheitert. Wenn man froh ist, eine Klasse abzugeben, ist man an dieser Klasse gescheitert. Diese Art des Scheiterns gehört zum Lehreralltag, wie es zum Alltag eines Richters gehört, vom Angeklagten belogen zu werden. Dieses Scheitern ist nicht schön. Manchmal tut es auch weh. Aber man muss es aushalten, ohne dass es einem gleichgültig sein darf. Das ist ein Balanceakt. Und dieser Balanceakt ist vielleicht das Schwierigste an diesem Beruf. Nur die Lehrer, die im Geo Magazin (s. o.) erwähnt werden, die scheitern nie. Sie sind wie Fußballer, die nie einen Elfmeter verschießen.

Schulklassen setzen sich aus einzelnen Schülern zusammen, von denen jeder anders tickt. Deshalb sind *alle* Schulklassen anders. Gerade das macht den Beruf so spannend. Manche Schulklassen funktionieren nur dann, wenn der Kumpeltyp vor ihnen steht. Genau dieser Kumpel-typ hätte in anderen Klassen jedoch keine Chance, weil dort der humor-lose, dafür aber unglaublich konsequente Lehrer gefragt ist, der in der Lage ist, auch schwierigste Klassen zu disziplinieren. Im leistungs-starken LK nützt es, wenn man fachlich unangreifbar ist. Ich bin es zum Beispiel nicht.

Ich bin ein Lehrer, der auch mal einen Elfmeter verschießt. Ich bin kein Lehrer, dessen Unterricht einzigartig ist und den die Schüler ver-ehren. Ich bin auch kein schlechter Lehrer, dessen Unterricht voll-kommen wirkungslos ist und der dauerhaft mit Schülern Probleme hatte bzw. hat.

Ich glaube, dass ich ziemlich normal bin. Das kann ich von den Lehrern und Referendaren meiner Schulzeit, die ich nun vorstellen werde, nicht behaupten.

Referendare

In der vierten Klasse war meine Klassenlehrerin eine Referendarin. Für uns Schüler war das kein Thema. Wir wussten gar nicht genau, was der Unterschied zwischen einer Lehrerin und einer Referendarin war. Unsere Mütter waren ja selbst noch keine vierzig Jahre alt. Deshalb war für uns achtjährige Schüler eine 26-jährige Referendarin ein vergleichs-weise alter Mensch. Überhaupt sind aus der Grundschülerperspektive Lehrer entweder alt – ungefähr so alt wie die eigenen Eltern, also so alt wie man selbst nie werden wird – oder sehr alt (mit grauen Haaren, wie

Oma und Opa). Unsere Klassenreferendarin hat manchmal gebrüllt. Aber wir hatten auch Franz in der Klasse, und Franz hat schon mal mit einem Stuhl nach Mitschülern geworfen. Während des Unterrichts. Dabei galt Schilksee damals mit Sicherheit nicht als Kieler Problemviertel.

Obwohl inzwischen dreißig Jahre vergangen sind, erinnere ich mich an einen ganz besonderen Tag besonders gut: Unsere Lehrerin hatte uns gebeten, dass wir uns im Sportunterricht gut benehmen sollten. Da käme nämlich jemand, um sie zu beobachten. Sie gab uns als eine Art Präventivbestechung keine Hausaufgaben auf. Allerdings klappte es dann nicht so, wie sie es sich vorgestellt hatte. Ein Schüler warf mit einer Fahnenstange nach anderen Schülern, als handelte es sich bei dieser Fahnenstange um einen Speer. Ich jagte dem Fahnenwerfer hinterher und wollte ihn verkloppen. Verblüffenderweise erboste das die Lehrerin aber noch mehr. Dennoch: Meistens lief der Unterricht bei ihr.

In der siebten Klasse lief bei der Mathereferendarin, der ich später den Lösungszettel klauen sollte, wiederum gar nichts. Ich selbst habe übrigens nie in einer so entsetzlichen Klasse unterrichten müssen. Die Sitzenbleiber waren frisch dazugekommen. Sie führten ein, dass applaudiert werden müsse, wenn jemand was sagte (»Das hat einen Applaus verdient«). Dabei spielte die Qualität der Antworten, die einen Applaus bekamen, nicht mal eine untergeordnete Rolle – *alles* hatte einen Applaus verdient! Das Gleiche galt auch für das Phänomen, dass an jedem Tag ganz grundsätzlich jemand Geburtstag hatte und man diesem Jemand dringend ein Geburtstagsständchen singen musste.

Und in diesen Löwenkäfig schickte man eine Referendarin ohne Dompteursausbildung. Schon damals dachte ich, manchmal Tränen in ihren Augen gesehen zu haben. Heute weiß ich, dass sie manchmal wirklich Tränen in den Augen hatte. Es muss für sie die Hölle gewesen sein, unseren Raum zu betreten.

Ja, die Referendare. Natürlich hatte ich mehr Referendare in meiner Schulzeit. An diese beiden erinnere ich mich aber besonders gut. Vor allem erinnere ich mich besonders gut daran, dass ich während meiner Schulzeit *nie* – auch in der Oberstufe hatten wir Referendare – auch nur ein einziges Mal daran gedacht hatte, dass ich irgendwann in einer Situation sein könnte, in der ich vor einer Klasse stehe und hinten in der Klasse ein anderer Lehrer hockt und meinen Unterricht überwacht.

Schülerquäler und Schülerhasser

Letztendlich gibt es ja drei Gründe, weshalb man nicht gern in den Unterricht geht: Entweder man ist schlecht in dem Fach *oder* es interessiert einen absolut nicht *oder* man mag den Lehrer nicht. (Na gut, es gibt auch noch einen vierten Grund: Der Unterricht findet in der siebten und achten Stunde statt.) Meistens ist es so, dass man schlecht ist, dass einen deshalb das Fach auch nicht interessiert und dass der bescheuerte Lehrer darüber hinaus ja der eigentliche Grund ist, weshalb man nichts kapiert. (Und wenn der Kurs dann noch in der siebten und achten Stunde liegt, dann geht gar nichts mehr.)

Natürlich gab es Lehrer, die ich als Schüler entsetzlich fand. Besonders negativ in Erinnerung ist mir ein Lehrer in der siebten Klasse, der oft freundlich daherkam. Ich war – vor allem in der Unterstufe und in der Oberstufe – nicht schlecht in dem Fach, das er unterrichtete. Mein Einbruch in der Mittelstufe begann mit diesem Lehrer.

Bis heute frage ich mich: Was geht wohl in einem Lehrer vor, der einen Schüler, der eine Sechs geschrieben hat, an die Tafel holt und ihn vor seinen Mitschülern dort noch mal alle Fehler machen lässt? Obwohl es einen Mitschüler traf, den ich nicht ausstehen konnte, hatte ich damals fast Mitleid. Und Mitleid hat man am Anfang der Pubertät eigentlich nur mit sich selbst. Übrigens hatte der Vater des Jungen Leukämie. Wenn der Klassenlehrer das getan hat, was seine Aufgabe gewesen wäre, dann hätte er die anderen Lehrer darüber informieren müssen. Wenn das der Fall gewesen sein sollte, grenzt das Verhalten dieses Lehrers an vorsätzliche Körperverletzung. Sollte das nicht der Fall gewesen sein, dann war sein Verhalten noch immer widerwärtig. Auch aus heutiger Sicht: pädagogisch unter aller Sau.

Und dann hatten wir noch einen Klassenlehrer in der neunten und zehnten Klasse. Fachlich mit Sicherheit tadellos. (Er war ja auch promovierter Wissenschaftler.) Wir hatten ihn in drei Fächern. In drei Nebenfächern. Es gab Dreien, Vieren und Fünfen. Die Überflieger schafften eine Zwei. Notendruck war das Mittel, um uns klein zu kriegen. Er war auf fast groteske Art und Weise humorlos. Und absolut unnahbar. Charisma gleich Null. Man hätte sich nicht nur nicht neben ihn in den Bus gesetzt. (Um das zu tun, muss einem ein Lehrer schon außergewöhnlich nah sein.) Man wäre in den Bus, in dem er saß, nicht mal eingestiegen. Am Ende war er nicht stolz darauf, dass er es geschafft hatte, uns fit für die Oberstufe zu machen. Er war stolz darauf, dass fünf Schüler nicht versetzt worden waren und er damit in den Zeugniskonferenzen seine harte Linie durchgesetzt hatte. Das war ein Lehrer, der so gar nichts mit Kindern und Jugendlichen anfangen konnte.

Ein letztes Beispiel: Die Deutschlehrerin, die einen der vielen Kurse in der Oberstufe leitete, war durchaus engagiert. Sie überraschte uns oft damit, dass wir Gruppenarbeit[8] machen mussten. Das war damals in den Achtzigern beziehungsweise in den beginnenden Neunzigern fast schon eine didaktische Revolution. Aber Literatur wurde bei ihr immer wie folgt besprochen: »Wir lesen jetzt mal die erste Seite [...]« Und dann hatte man schnell keine Lust mehr auf den *Tod in Venedig*. Für *Faust* hat sie so wenig Leidenschaft zu entfachen vermocht, dass ich für die zu schreibende Klausur nur die Erläuterungen las. *Jenny Treibel* las ich, war angetan, aber im Unterricht haben wir trotzdem nichts damit gemacht usw. usw. usw. Dabei habe ich immer viel und gern gelesen. Diese Deutschlehrerin hätte es fast geschafft, dass ich das Lesen eingestellt hätte. Aber nur fast. Nach dem Abitur habe ich mehrere Jahre lang keine Bücher auf Deutsch mehr angerührt. Das waren Nachwirkungen. Gelesen habe ich aber weiterhin viel. Alles auf Französisch.

Schlechte Lehrer können vieles kaputt machen. Mir wäre von einer schlechten Lehrerin fast meine Leidenschaft für Bücher geraubt worden. Anderen Schülern kann viel mehr geraubt werden. Deshalb sollten Lehrer, wenn sie den Beruf nicht mehr ausüben wollen oder können, sich nicht auf einer Lebenszeitverbeamtungsurkunde ausruhen dürfen. Aber dazu komme ich noch.

Partylöwen und Lehrerunikate

Wir waren zu siebt im Französisch-LK, sechs Mädchen und ich. Unterrichtet worden sind wir in der ehemaligen Hausmeisterwohnung. Wir saßen auf gepolsterten Stühlen um einen Tisch herum. Am Anfang war

---

8 Heutzutage macht man fast nur noch Gruppenarbeit. So etwas nennt sich in der Regel *handlungsorientierter Unterricht* und wird als der Weisheit letzter Schluss gehandelt. Wie viele andere pädagogische Konzepte zuvor auch. Dass die Wörter Frontalunterricht oder lehrerzentrierter Unterricht fast schon zu Unwörtern in den aktuellen Pädagogikfibeln geworden sind und in jedem Zeitungsartikel zum Thema als Sinnbilder für antiquierten Unterricht verwendet werden, nervt.

uns das noch unheimlich. Aber wir gewöhnten uns daran und begannen uns in unserem kleinen Zuhause fünf Schulstunden pro Woche auch wie zu Hause zu fühlen. Das war die traumhafteste Atmosphäre, in der ich – Lehrerzeit inklusive – überhaupt jemals Unterricht erlebt habe. Vielleicht entstand in dieser Zeit der Eindruck, dass der Lehrerberuf in gewissen Situationen entspannt und erfüllend sein kann.

Der Lehrer begeisterte uns für französische Literatur, indem er etwas absolut Verbotenes machte: Er ließ uns sowohl *Die Pest* von Camus als auch *Madame Bovary* von Flaubert auf Deutsch (!) lesen. Am Stück. Später sprachen wir anhand von Textausschnitten über die Texte. Und natürlich sprachen wir Französisch. Die Einheiten dauerten immer bloß einige Wochen. Ich fand Flaubert großartig, Camus vergötterte ich geradezu. Das ist alles Mögliche, aber gewiss nicht selbstverständlich. Ein Achtzehnjähriger, der jeden Samstag mit seiner Clique nachts auf einem Spielplatz herumhing, um dort einen Kasten Bier zu trinken, lässt sich von Mme Bovarys Eheproblemen in eine andere Welt katapultieren? Das ist eine Sensation. Fest steht: Ihre Eheprobleme wären mir herzlich egal gewesen, wenn ich Seite für Seite hätte lesen und Dutzende Vokabeln nachschlagen müssen.

Irgendwann sagte dieser Lehrer, wir sollten doch mal *Germinal* von Zola lesen. In diesem Roman sei auf beeindruckende Weise das Leben der Minenarbeiter beschrieben. Während meines Zivildienstes in der Mensa erinnerte ich mich an einem Morgen, an dem ich dreitausend Eier aufschlagen musste, seiner Worte und begann, *Germinal* zu lesen. Das hätte ich übrigens nicht getan, wenn irgendein anderer Lehrer das Buch empfohlen hätte. (Meistens liest man Bücher, die einem von Lehrern ans Herz gelegt werden, aus Prinzip nicht.) *Germinal* hat mich nicht nur umgehauen, sondern es hat mein Leben verändert. Erstens habe ich anschließend immer wieder zu Zola gegriffen. Und zweitens hatte ich mir während der Lektüre vorgenommen, selbst Bücher zu schreiben und irgendwann mal Menschen mit meinen eigenen Büchern so sehr zu begeistern, wie Zola mich begeisterte. (Ich habe es versucht. Aber nicht geschafft.)

Im LK Geschichte hatte ich später einen anderen Lehrer, der mich aus anderen Gründen beeinflusst hat. Wir waren in dem Kurs ungefähr fünfzehn Jungs (und ein Mädchen). Unser LK-Lehrer machte etwas, was alles und alle veränderte: Er lud uns zum Kurstreffen ein. Und plötzlich lernten wir jemanden kennen, der sich nicht zu schade war, mit seinen Schülern einen Kasten Bier zu trinken. Eigentlich lebten wir in diesem Kurs von Kurstreffen zu Kurstreffen, und jedes Kurstreffen wurde wilder. Im Unterricht ging es auf hohem Niveau weiter, aber durch die Kurstreffen hatten wir immer den Eindruck, Teil eines verschworenen Kreises zu sein. Wir machten Exkursionen nach Berlin zu irgendwelchen Ausstellungen, die aber bloß der pädagogische Aufhänger waren. Auf der Rückfahrt saßen wir mit fünfzehn Mann in einem Achterabteil. Der Lehrer mit einem Bier in der Hand mitten unter uns. Der Unterricht funktionierte trotzdem. Der Lehrer war nicht nur der Kumpeltyp, sondern er war eben auch ein Lehrer, dessen fachliche Kompetenz außer Frage stand.

Vielleicht bin ich ja – intuitiv – wegen meiner Leistungskurse beziehungsweise wegen meiner Leistungskurslehrer Lehrer geworden: Es war offensichtlich, dass es den LK-Lehrern Spaß gebracht hatte, in unsere Kurse zu gehen. Der eine Kurs war wie eine kleine Familie, der andere heiter wie ein Kegelclub während eines Ausflugs.

Abschließen möchte ich diesen Gute-Lehrer-schlechte-Lehrer-Reigen mit meinem ständigen Begleiter durch meine gymnasiale Zeit. Mit einem wahren Lehrer-Unikat. Schillernder konnte eine Lehrerpersönlichkeit nicht sein. Dass dieser Mann Charisma hatte, wäre eine kolossale Untertreibung. Das Problem: Wie sich Charisma steigern lässt, weiß ich nicht. Er war unglaublich groß beziehungsweise hoch (gute zwei Meter). Das fanden wir, als wir in die fünfte Klasse kamen und er uns in Bio und Sport unterrichtete. Und das fanden wir, als wir längst ausgewachsen waren und er einen Bio-Grundkurs übernahm, noch immer.

Der Unterricht an sich war mit Sicherheit nicht bemerkenswert. In Sport hat er uns einfach zu oft einen Ball gereicht und uns zum Fußballspielen verdonnert. In Bio haben wir oft nicht verstanden, wenn er etwas erklärte. Und er war (auf liebenswürdige Weise) ungerecht. Wenn man im einzigen Test, den er schreiben ließ, eine Eins geschrieben hatte, dann bekam man selbst dann eine Eins im Zeugnis, wenn man sich mündlich nie beteiligte. Heftführung interessierte ihn nicht. Hauptsache, wir konnten selbst lesen, was wir geschrieben haben. Das sagte er uns schon in der fünften Klasse. Natürlich war ihm die Heftführung auch deshalb egal, weil er so um das Hefteeinsammeln herumkam.

Er machte kuriose Sachen. Zum Beispiel legte er während einer Klausur seine Brille auf den Tisch und sagte, dass wir uns dadurch ja wohl gut beobachtet fühlen würden. Dann verließ er den Raum und kam einige Minuten lang nicht wieder. Unvergessen ist für mich auch der Tag, an dem wir einen Kurssprecher wählen sollten. Auch während der Wahl ist er weggegangen und sehr lange weggeblieben. Als er wiederkam, teilten wir ihm das Ergebnis mit: Wir hatten *ihn* zum Kurssprecher gewählt. Einen Tag später erzählte er uns, dass er das seinem Sohn erzählt habe, und der habe geantwortet: »Du, Papa, die wollten dich verarschen.«

Er war ein Mensch. Er brüllte uns oft an. Dann schnaubte er richtig. Aber man hatte nie den Eindruck, dass er richtig böse auf uns war. Selbst als ich mal während des Sexualkundeunterrichts rausgeflogen war, hatte ich nicht den Eindruck, dass er mir Böses wollte. Ein anderes Mal, wir waren im Harz, schnauzte er uns an, wir benähmen uns wie Hauptschüler (er kam eben aus einer anderen Lehrergeneration), und er würde uns nun doch nicht wie versprochen ins Café einladen. Einen Tag später sagte er, er habe mit seiner Frau telefoniert, und die meinte, er solle uns verzeihen. Also gingen wir doch mit ihm ins Café. Er verzieh immer. Ich war mit ihm übrigens viermal im Harz. Zweimal als junger Schüler auf den Skilandesmeisterschaften und zweimal als älterer Schüler als Betreuer und Skilehrer. Es entwickelte sich wohl auch dadurch ein väterliches Verhältnis. Ich war so eine Art Lieblingsschüler, und das Wunderbare ist: Es wird Dutzende Schüler geben, die mit demselben Recht Ähnliches behaupten.

Ich war neunzehn, als ich zum letzten Mal in den Genuss einer seiner chaotischen Unterrichtsstunden kam. Er hatte mich heranwachsen sehen. Als er mich kennengelernt hatte, war ich gerade elf geworden.

Auf dem zehnjährigen Abijubiläum im Jahr 2002 sah ich ihn zum letzten Mal. Er nahm mich zur Seite und erzählte mir, dass er Krebs habe. Auf seiner Beerdigung waren viele Lehrer, was nichts Besonderes ist. Aber es waren auch viele Exschüler da. Und das, das ist etwas Besonderes.

Ich brülle oft Schüler an. Und ich verzeihe ihnen. Immer. Heftführung ist mir vollkommen schnuppe. Ich erzähle oft von meinen Kindern. Und von meiner Frau.

Warum mache ich das bloß alles?

Teil II: Eine staatlich geförderte Verarschung: das »Lehramtsstudium«

Nachdem ich den Zivildienst in der Mensa II der Christian-Albrechts-Universität zu Kiel hinter mich gebracht hatte, begann ich am selben Ort zu studieren. Ich zog nach Kiel Downtown und schrieb mich ein. Für Französisch und Geschichte konnte man sich einfach so einschreiben. Es gab keinen NC. Der NC in Geschichte sei die Lateinprüfung, und der NC in Französisch die Übersetzungsprüfung, hatte es geheißen. So so. Wie recht diejenigen hatten, die dies behaupteten, erfuhr ich auf brutalst mögliche Weise im fünften Semester.

Nun war ich also Student und hatte keine Ahnung, obwohl es auch damals schon Studienberatungen gab, die einem genau diese Ahnung hätten vermitteln sollen. Irgendwann fand ich jemanden, der mir sinngemäß Folgendes erklärte: Ich müsse Proseminare belegen, für die eine oder andere sprachpraktische Übung sollte ich mich anmelden, Übersetzungskurse seien unerlässlich, in Geschichte sollte man sich für Vorlesungen eintragen, aber keine Sorge, man müsse da nur dreimal hingehen, das seien nämlich eh bloß *Sitzscheine,* viel wichtiger sei erst mal Latein. Ich gehorchte. In jeder Hinsicht. Die erste Vorlesung brach ich nach dem dritten Mal ab. Mit bestem Gewissen übrigens. Viele der vorlesenden Professoren vermittelten damals den Eindruck, sie frönten eh nur einem Hobby. Oft wirkten die Vorlesungen, als hätte jemand ausschließlich zu seinem Spezialgebiet geforscht und die Interessen oder auch nur Bedürfnisse der (Lehramts-)Studenten bei der Planung der Lesung vollkommen außer Acht gelassen.

Natürlich tat ich auch etwas: Ich machte zum Beispiel meine Scheine in den Proseminaren. Aber eher lustlos, da sie für mich ebenfalls keinerlei Bezug zum Lehrerberuf hatten. Vor allem übersetzte ich im Anfängerkurs deutsche Texte ins Französische und bekam meinen Schein und erlebte in den Mittelkursen dafür ein Debakel sondergleichen. 18,5 Fehler *durfte* man machen, um eine rettende Vier zu schaffen. Manchmal machte man diese 18,5 Fehler schon in den ersten beiden Sätzen. Das war deshalb ein Problem, weil die Übersetzungs-klausur sozusagen die Zulassungsprüfung für die Zwischenprüfung war.

Im Vergleich dazu war Latein, *der Geschichts-NC,* erstaunlicherweise ein Kinderspiel für mich. In den verschulten Kursen machte ich mit. Aus dem Grund, aus dem Schüler in der Regel mitmachen: Ich war gut in Latein. So gut, dass ich bis heute nicht verstehe, warum nicht irgendjemand damals gesagt hatte: Hey, studiere Latein, dann hast du später selbst dann einen Job, wenn du dein Referendariat verhunzt.

Wie oft dachte ich damals daran, dass ich irgendwann mal Lehrer werden sollte? Selten. Immer nur dann, wenn ich einen Grund haben wollte, Vorlesungen abzubrechen, zu spät zu kommen oder/und früher aus Veranstaltungen zu gehen. Dann sagte ich mir: Für den Lehrerberuf bringt das ja eh nichts. (Womit ich immerhin nicht unrecht hatte.) Ich war vor allem in den ersten Semestern ein Student nach Vorschrift. Ich tat, was unerlässlich war. Freiwillig tat ich nichts. Ich machte das, was ich heute als Lehrer den Schülern vorwerfe: Ich lernte ausschließlich für Noten oder Scheine. Ich kam – und das ist im Rückblick das Kurioseste – dennoch voran, obwohl mein Alltag während des Studiums, das mich auf mein späteres Berufsleben vorbereiten sollte, wie folgt aussah:

Uhrzeit	Tätigkeit
spätestens 9:30	aufstehen (und ich war stolz darauf, dass es nie später war), kurzes Frühstück/Kaffee
ca. 10–12	Übung/Vorlesung/Seminar
ca. 12–14	zweites Frühstück, viel Kaffee, Zeitungslektüre
ca. 14–16	Übung/Vorlesung/Seminar
ca. 16–17:30	viel Kaffee, Lektüre[9]
ca. 18–20:30	Tae-Kwon-Do und anschließend Sauna
ca. 20:30–23:30	essen, lesen, Kino, manchmal ein bisschen lernen und/oder an einer Hausarbeit arbeiten
um ca. 23:30	noch mal in einer Disco vorbeischauen

---

9 In meiner Erinnerung sitze ich *jeden Tag* von 16:00–17:30 Uhr auf meinem Sofa und lese und trinke Kaffee – *jeden Tag* anderthalb Stunden lang! Mit den Büchern, die ich allein in meiner Studentenzeit gelesen habe, könnte man gewiss ein Regal füllen.

Die Phasen, in denen ich wirklich gelernt habe, gab es auch. Aber diese Phasen waren überschaubar. Und habe ich mich in den langen Semesterferien um Schulpraktika gerissen? Habe ich ein Praktikum bei einer Zeitung gemacht um zu testen, ob Journalismus nicht eine Alternative sein könnte? Nein. Stattdessen bin ich mit dem Rad wochenlang durch Skandinavien oder mit dem Zug durch Europa oder mit Bussen durch Südamerika gefahren. (War ja auch alles schön. Aber ein wenig berufliche Orientierungshilfe hätte mir gewiss gut getan.)

Was war eigentlich damals los mit mir? Nun, das System übte keinerlei Druck aus. Auch Studiengebühren gab es nicht, sie wurden in Kiel zu Beginn der Neunziger nicht mal diskutiert. (Schon das Semesterticket, das knapp vierzig Mark kostete und allen Studenten abgebucht wurde – nicht im Monat, sondern pro Semester –, löste einen halben Krieg aus. Die Studenten von damals sind vermutlich die Wutbürger von heute.) Ich weiß nicht, was ich damals von Studiengebühren gehalten hätte. Ich weiß nur: Ich hätte ein wenig systemimmanenten Druck vertragen können. In meiner Zeit als Fremdsprachenassistent lernte ich einen Engländer kennen, der Deutsch und Französisch studierte und der sagte: Bei uns hat man drei Jahre Zeit zum Studieren. Wenn man ins Ausland geht, dann verlängert sich die Zeit um ein Jahr. Und dann *muss* man fertig sein. Auf einer meiner langen Reisen, dieses Mal war ich in Kanada unterwegs, lernte ich zwei kanadische Studenten kennen. Die dachten, ich wollte sie veralbern, als ich erzählte, dass es bei uns keine Studiengebühren gebe.

Die Zwischenprüfung in Geschichte schaffte ich in der Regelstudienzeit. Aber in Französisch brach mir die Übersetzungszwischenprüfungsklausur das Genick. Ich hatte eine Fünf. Ein Ausgleich im Mündlichen war nicht möglich. Ein zweites Durchfallen hätte bedeutet, dass ich nicht weiter Französisch hätte studieren können. Im fünften Semester stand meine Zukunft, über die ich mir in jener Zeit so selten Gedanken gemacht hatte, plötzlich auf dem Spiel. Wegen einer Übersetzungsklausur. Ich tobte. Und in dieser Situation erwachte aus rein egoistischen Gründen der politische Mensch in mir. Ich schrieb einen Offenen Brief, in dem ich anprangerte, dass nicht eine einzelne Klausur über Erfolg oder Misserfolg eines ganzen Studiums entscheiden dürfe. Einen Offenen Brief, den *jeder* Dozent bekam. Es war nicht so, dass dieser Brief nichts ausgelöst hätte. Eine Dozentin rief mich zu Hause an und sprach mir Mut zu. Sie finde, dass Französisch eine so vielfältige Sprache sei, dass man wegen einer Übersetzungsschwäche nicht vom Studium ausgeschlossen werden dürfe. Konkret hat es dann eine Aussprache gegeben, an der alle Dozenten teilgenommen haben. Und viele Studenten.

Der Dekan sagte zwei Sachen, die ich nicht vergessen habe: Zum einen sprach er mit einem Lächeln davon, dass wir begreifen müssten, dass es sich bei dieser Klausur um eine *Selektionsklausur* handele. Davon war ich schlicht angeekelt.

Das Zweite, was er sagte, gab mir wiederum zu denken: Den Vorwurf, ein halber Fehler entscheide darüber, ob man weiterstudieren dürfe, konterte er mit folgendem Hinweis: Das höre er immer wieder. Aber das sei nicht so. Neunzehn Fehler entschieden darüber.

Hm? Wenn man neunzehn Fehler in einer zweistündigen Klausur macht, ist man dann vielleicht nicht tatsächlich ungeeignet, Französisch zu studieren? Jein. Denn nach Frankreich gingen die meisten Studenten erst nach der Zwischenprüfung. Ich auch. Und erst dort lernte man Französisch. Erst dort lernte man überhaupt etwas.

Nach der Aussprache änderte sich: nichts.

Ich war allerdings eh schon mit meinen Gedanken in Frankreich, weshalb sich mein Entsetzen in Grenzen hielt. Mein erstes Assistentenjahr stand unmittelbar bevor. Ich beschloss daher, meiner Heimatstadt Kiel den Rücken zu kehren. Und ich sagte mir: Wenn schon, denn schon! Also entschied ich mich, in Tübingen an der Eberhard-Karls-Universität weiterzustudieren. Darauf, dass in Tübingen vor allem sehr viele Schwaben lebten und studierten und selbst im Hauptseminar schwäbisch sprachen, was ich auch nach drei Jahren nicht immer verstanden habe, hatte ich mich leider nicht eingestellt. Und dass in Tübingen eine Übersetzungsklausur Teil des Ersten Staatsexamens war, erfuhr ich auch erst später.

In Tübingen gab es – das war neu für mich – sowohl in Französisch als auch in Geschichte Professor*innen*. Abgesehen davon waren die angebotenen Veranstaltungen ähnlich weltfremden Inhalts wie die Veranstaltungen in Kiel. Absurderweise musste der Lehramtsstudent in den Jahren 1997–2001 in Baden-Württemberg, diesem selbsterklärten Bildungsmekka, kein Schulpraktikum machen. (Bildungsministerin war damals übrigens die spätere Bundesbildungsministerin Frau Prof. Dr. Annette Schavan!) Nicht mal das Pädagogikum war zwingend notwendig. Dass ausgerechnet ich, der spätere Bundeslandwechsler, keinen Sinn darin sah, das Pädagogikum ohne Zwang zu machen, grenzt an eine Dummheit, die mich heute fassungslos macht.

Ich befasste mich, naiv wie ich war, nicht mal mit dem Gedanken, dass es in Deutschland den Bildungsföderalismus gibt, zu dessen Opfer ich mehrfach werden sollte. Dieses eine Mal trug ich eine Mitschuld. Weil ich Besseres zu tun hatte, machte ich lediglich die beiden geforderten Pädagogikscheine. (Für das Pädagogikum hätte ich drei weitere Scheine machen müssen.) Übrigens waren die Seminare interessanter, als ich zuvor gedacht hätte und später zugegeben habe. In einem Seminar ging es um Gewalt an Schulen. In einem anderen Seminar ging es um Entspannungsübungen. Ich hielt ein Referat über autogenes Training und dass der Professor von meiner Darbietung angetan war, sollte sich Jahre später für mich auszahlen.

Französisch und Geschichte? Da ging es weiter, wo es in Kiel aufgehört hatte. Mit Themen, von denen man kein einziges später im Unterricht würde auch nur entfernt verwenden können. Die Übersetzungsübungen stellten mich nicht mehr vor unlösbare Probleme. Schließlich hatte ich gerade ein Schuljahr in Frankreich gelebt, wo ich Französisch gelernt habe.

Aber tat ich mehr fürs Studium als in Kiel? Oder blieb ich weiterhin Student nach Vorschrift und kam trotzdem voran? Letzteres. Hin und wieder gab es ein Seminar, für das ich mit Leidenschaft Mehrarbeit leistete. Im Großen und Ganzen hatte sich meine Einstellung aber nicht geändert. Andere Dinge waren mir wichtiger. Zum Beispiel das Geldverdienen, um meine langen Reisen finanzieren zu können.

Während ich in Kiel mein Taschengeld mit Zeitungsaustragen verdient hatte, so verdiente ich es jetzt, indem ich schwäbische Treppenhäuser putzte oder Schnee schippte. Ich reiste in den Semesterferien durch Südamerika oder durch Osteuropa. Ich trainierte Tae-Kwon-Do, begann nebenher zu joggen und weil ich immer noch nicht ausgelastet war, setzte ich mich abends hin und schrieb einen Roman.

Trotz meiner vielfältigen Nebentätigkeiten und Ablenkungsmanöver rückte das Examen immer näher, bis es plötzlich in Sichtweite war. Aber würde ich es schaffen, in der mündlichen Prüfung einigermaßen fehlerfrei eine ganze Stunde lang Französisch zu sprechen? Den weisen Entschluss, ein weiteres Schuljahr nach Frankreich zu gehen, fasste ich binnen Sekunden.

Als ich aus Frankreich zurückkam, machte ich mein Erstes Staatsexamen. Ich suchte mir meine Professoren zusammen und machte im elften Semester die Geschichtsprüfungen und zu Beginn des zwölften Semesters beendete ich mit der mündlichen Prüfung im Fach

Französisch mein Studium, das sich irreführenderweise Lehramtsstudium genannt hatte. (Ja, ich hätte mindestens ein Jahr schneller sein müssen.) Obwohl das Erste Staatsexamen im Rückblick so viel entspannter verlief als das Zweite, endete das, was sich während der Prüfungen abspielte, in einem zweiten Offenen Brief. Was war geschehen?

Ich wurde in Geschichte zu nicht abgesprochenen Sachverhalten gefragt. (Aber das soll keine Entschuldigung sein: Natürlich muss ein guter Student auch Dinge wissen, die nicht abgesprochen waren.) Insgesamt ergaben die Teilnoten der mündlichen Prüfungen und der Klausur eine 2,3. Ich hatte mir mindestens eine 2,0 erhofft. Aber eigentlich war das Ergebnis vollkommen angemessen. Wenn ich daran denke, wie sehr Schüler mich heute nerven können, wenn sie sich ungerecht benotet fühlen (»Herr Ulbricht, das sind doch nie und nimmer zehn Punkte.« »Wie viele denn?« »Na … *elf* Punkte!«), dann gebe ich hiermit zu: Ich war nie anders. Nicht als Schüler. Nicht als Student. Nicht als Referendar.

Ein halbes Jahr später fanden die Französischprüfungen statt. Die Übersetzungsklausur war meine letzte Klausur, die ich überhaupt geschrieben habe. Ich bekam eine 2,5 und damit eine der besten Noten. Die mündliche Prüfung verlief allerdings nicht wie gewünscht. Erstens war mein Sprechfranzösisch – eigentlich meine große, wenn nicht gar meine einzige wirkliche Stärke – an dem Tag weniger flüssig als sonst. Ich verhaspelte mich andauernd. Und das Schlimme ist: Ich kann eigentlich niemandem die Schuld dafür geben, denn ich bin fair behandelt worden. Bei der Herleitung des französischen Demonstrativpronomens aus dem Lateinischen unterliefen mir mehrere Verwechslungen. Anschließend verwechselte ich dann noch mehr. Ich bekam eine Drei und somit insgesamt – alle Prüfungen zusammenaddiert – eine 2,6. Das war vollkommen in Ordnung und entsprach durchaus meinen Fähigkeiten. Aber ich war trotzdem am Boden zerstört.

Als ich abends nach ein paar Bier über alles nachdachte, was ich in den zurückliegenden Jahren gelernt hatte, packte mich eine Wut, wie ich sie selten zuvor verspürt hatte. Denn was hatte ich eigentlich gelernt während des Studiums? Und welche Rolle hatte der Lehrerberuf während der Prüfungen im Ersten Staatsexamen gespielt? Um es vorwegzunehmen: Die Wörter Lehrer/Schule/Unterricht sind in der langen Examensphase *nicht ein einziges Mal* gefallen. Als gäbe es einen solchen Zusammenhang nicht.

Also setzte ich mich hin und tat das, was ich in Kiel schon mal getan hatte und was ich dann in Wuppertal erneut tun sollte. Ich schrieb einen Brief. An alle Dozenten und an das Ministerium und an den Dekan.

Ich habe den Brief leider nicht mehr. Der zentrale Vorwurf – der auch aus heutiger Sicht absolut berechtigt ist – lautete: Man hat im Studium nichts für das spätere Lehrerleben Relevantes gelernt.[10] In meiner Wut wurde ich plötzlich zum (Ex-)Studenten, der immer nur Lehrer werden wollte.

Aber drehen wir den Spieß einfach mal um: Mit welchen Fragen habe ich mich in sechs Jahren Studium, in denen ich in diversen Räumen und Hörsälen Zeit totgeschlagen habe, eigentlich beschäftigt? Ich könnte damit Seiten füllen. Dennoch sollen jeweils drei Fallbeispiele genügen.

In Französisch:
- Wie schrieben die Franzosen eigentlich im Mittelalter? (Also mal ganz ehrlich: Als Lehrer ist man verdammt froh, wenn die Schüler irgendwann mal einigermaßen Neufranzösisch sprechen können. Die Frage, wie die Franzosen im Mittelalter gesprochen hätten, ist mir noch nie gestellt worden. Auch habe ich noch nie auf dieses Wissen zurückgreifen müssen.)
- Wie interpretiert man Nathalie Sarraute? (Nathalie Sarraute gehört der Gattung Nouveau Roman an. Nathalie Sarrautes Prosa wird selbst von vielen Franzosen als zu schwer und/oder unlesbar empfunden. Ich lernte mal eine Studentin kennen, die begeisterte Nathalie Sarraute Leserin war. Sie war Französin und hat Französisch in Frankreich studiert. Warum sollen sich Lehramtsstudenten, die Nathalie Sarraute selbst in einem Leistungskurs nicht lesen könnten, damit herumplagen?)
- Wie übersetzt man einen spanischen literarischen Text? (Ja, Sie haben richtig gelesen: einen *spanischen* Text! Man musste auch als Lehramtsstudent eine zweite romanische Sprache können. Latein

---

10 Laut einer Allensbachstudie aus dem Jahr 2012 *(Lehre(r) in Zeiten der Bildungs-panik: Eine Studie zum Prestige des Lehrerberufs und zur Situation an den Schulen in Deutschland)* fühlen sich fünfzig Prozent aller jungen Lehrer durchs Studium unzureichend auf den Beruf vorbereitet. Immerhin spezialisieren sich immer mehr Unis darauf Lehrer auszubilden. Die TU München hat mit ihrer *School of Education* Pionierarbeit geleistet. Mehr dazu in einem Artikel in der ZEIT, Nr. 20, 2012.

zählte nicht. Latein war Bedingung. Ich vermute, dass ich die Hälfte meiner Zeit im Studium damit verbracht habe, Latein und Spanisch zu lernen. Hat übrigens viel Spaß gebracht. Aber in meinem Lehrerleben hat mir dieses Wissen noch nie konkret weitergeholfen.)

In Geschichte:
- Welche Bedeutung hatte der Öresund im ersten Weltkrieg? (Der Öresund? Was ist das eigentlich noch mal? Ich musste es googeln. Ach so: Der Öresund ist eine dänische Meerenge zwischen Schonen und Seeland. Aber was hatte das noch mal mit dem ersten Weltkrieg zu tun? Ich habe es vollkommen vergessen! Warum? Weil ich im Unterricht noch nie auf dieses Wissen zurückgreifen musste. Selbst in einer AG, in der man den Ersten Weltkrieg untersucht, würde der Öresund vermutlich keine Rolle spielen. Schade eigentlich. Ich habe mich im ersten Semester nämlich wochenlang damit beschäftigt und eine Hausarbeit zu diesem Thema geschrieben.)
- Was geschah während des ersten makedonischen Kriegs? (Schon in der Einleitung meiner Hausarbeit steht: »Der erste makedonische Krieg war ein Nebenkrieg zum zweiten punischen Krieg.« Ich selbst hätte mir für »Nebenkrieg« ja gleich einen Ausdrucksfehler verpasst, aber der Professor ließ das durchgehen. Immerhin: Der zweite punische Krieg wird wegen Hannibals Alpenüberquerung und der Schlacht bei Cannae hin und wieder im Geschichtsunterricht erwähnt. Aber muss man deshalb Hunderte von Seiten und Fußnoten über das Geschehen auf einem Nebenkriegsschauplatz lesen? Nein! Zumal dann nicht, wenn das Fazit der wochenlangen Auseinandersetzung mit diesem Krieg lautet: »Makedonien spielte im zweiten punischen Krieg keine große Rolle.«)
- Wie übersetzt man lateinische Quellen, die alle längst übersetzt sind? (Eine Fähigkeit, die ich, niemanden wird es verblüffen, im Unterricht noch nie gebraucht habe.)

Übrigens wies ich in meinem Brief explizit darauf hin, dass ich mich von den Professoren *nicht* ungerecht behandelt gefühlt habe. Ich war auch nicht wütend auf die Professoren, sondern auf das System. Eigentlich waren die Professoren stets korrekt gewesen. Ich war nie ein herausragend guter, ich war aber auch nie ein leistungsschwacher Student. Gehobenes Mittelmaß. Trotzdem bin ich nicht weniger gut behandelt worden als diejenigen, die später die Einserexamina gemacht haben.

(Auf die Seminarleiter während des Referendariats traf dann – und das sage ich, nachdem ich fast zehn Jahre lang darüber nachgedacht habe – leider das Gegenteil zu.)

Natürlich hat man gelernt, wie man zitiert. Und wie man Literatur sucht und findet und ein Thema recherchiert.[11] Um das zu erlernen, muss man aber nicht fünf Jahre studieren. (Sechs Jahre wie ich muss man natürlich sowieso nicht studieren.) Das schafft man in einem Blockseminar am Samstagnachmittag.

Zurück zum Brief: Baden-Württemberg hat reagiert. Und das Antwortschreiben des Kultusministeriums habe ich noch in meinen Unterlagen gefunden. Interessanterweise heißt es darin: »Ihr Schreiben vom 21. Mai«

Muss ich wütend gewesen sein! Denn am 21. Mai hatte ich die Prüfung erst gehabt. Am selben Abend habe ich offensichtlich den Text geschrieben und ihn gleich abgeschickt. Ich wollte mich nun in diesem Buch empören über dieses Schreiben, aber eigentlich habe ich gar keinen Anlass. Das Schreiben ist absolut korrekt. Der Schlüsselsatz lautet: »Zwischenzeitlich – wenn auch für Sie persönlich zu spät – wurde im März diesen Jahres eine novellierte Wissenschaftliche Prüfungsordnung für die Studierenden für das Lehramt an Gymnasien in Kraft gesetzt. Diese neue Prüfungsordnung soll die Ausrichtung der Ausbildung auf den Lehrerberuf deutlich stärken.«

Der lange Brief, über den ich damals nicht glücklich gewesen war – warum erschließt sich mir nicht mehr –, endet mit den Worten, dass man momentan keine Wartezeiten in Kauf nehmen müsse, also zum nächsten Termin direkt mit dem Referendariat beginnen könne. Der Brief war an meine Hamburger Adresse adressiert. Ich war wenige Tage nach meiner letzten Prüfung meiner damaligen Freundin und heutigen Frau nach Hamburg gefolgt, wo sie promovierte und ich einen Referendariatsplatz suchen wollte. Dort sollte ich zum ersten Mal erfahren, welche Folgen der Bildungsföderalismusirrsinn in Deutschland haben kann.

---

11 Wenn ich daran denke, komme ich mir steinalt vor: Mein Studium schloss ich kurz vor dem endgültigen Durchbruch des Internets ab (2001). Während der ersten Jahre meines Studiums hatte ich nicht mal eine E-Mail-Adresse. Bei all meinen Recherchen griff ich kein einziges Mal auf das Internet zurück. Auch alle anderen Studenten gingen noch fleißig in die Bibliothek, saßen dort über Büchern oder suchten Literatur über die Suchprogramme.

Teil III: Das Referendariat

Das Referendariat begann mit einer einjährigen Wartezeit. Erstens war ich Bundeslandwechsler und hatte zunächst wegen des nicht vorhandenen Pädagogikums, das in Baden-Württemberg nicht nötig gewesen war, das aber nun in Hamburg verlangt wurde, ein rein bürokratisches Problem. Zweitens war meine Note nicht 1,0 sondern 2,6. Und drittens hatte ich diese durchschnittliche Note nicht für die Fächerkombination Latein/Mathe erhalten, sondern für Französisch/Geschichte.

Das erste Problem löste ich, indem ich meine Tübinger Pädagogikprofessoren um Beistand bat. Der eine lehnte den Beistand ab. Der andere antwortete auf meine Bitte, mir ein Gutachten zu schreiben, in dem die Formulierung »äquivalent zum Pädagogikum« auftauchen sollte, dass »wir es ja mal versuchen können«. Selten wurde mir auf so unbürokratische Weise geholfen. Was ich damals für selbstverständlich hielt, kann ich heute kaum glauben: Hamburg akzeptierte! Aber einen Platz hatten sie trotzdem nicht.

Mein zweites und drittes Problem löste ich, indem ich wartete.[12] Während ich im Studium die Zeit oft nicht so genutzt hatte, wie ich es hätte tun sollen, so gelang mir in Hamburg Erstaunliches: Ich traf durchaus richtige Entscheidungen. Denn ich schrieb nicht bloß und lebte vom Doktorandengehalt meiner späteren Ehefrau, sondern ich jobbte, leistete meinen Beitrag zur Finanzierung unserer winzigen Wohnung und war mir für nichts zu schade. So entdeckte ich Arbeitswelten, die ich bei sofortigem *Erfolg* nie entdeckt hätte. Wahrscheinlich begann ich in jener Zeit zu ahnen, dass im Scheitern stets auch eine Chance steckt. Anstatt nach dem Studium sofort das Referendariat zu beginnen und

---

12 Vielleicht kann ich nichts so gut wie das: warten! Auf das Referendariat musste ich ein Jahr warten. Auf das Ende meiner Zeit als Vertretungslehrer acht Jahre. Und darauf, endlich mit einem seriösen Verlag zusammenarbeiten zu dürfen, habe ich dreizehn Jahre gewartet.

anschließend bis zur Pensionierung im Schuldienst zu bleiben, durfte ich Orte entdecken, zu denen man unter normalen Umständen keinen Zutritt gehabt hätte: Zum Beispiel das Hamburger Rathaus, weil ich – zum Teil nachts – durch die Gänge schlurfte und Messen aufbaute. Oder die AOL-Arena im Hamburger Glutsommer des Jahres 2001, weil ich auf hohen Gerüsten mit Arbeitern aus England, Kamerun und Bayern Feuerschutzplanen anbringen musste – zwölf Stunden am Tag. Oder das Heiligengeistfeld während eines *Schlagermoves* in der Funktion als Ordner – der einzige Job, für den ich nicht bezahlt worden bin. Oder Finkenwerder, also das andere Elbufer, wo ich als Fremdsprachensekretär in einer französischen Firma half. Oder unzählige Wohnungen in den Straßen und Gassen St. Paulis, weil ich dort ein halbes Jahr als ambulanter Krankenpfleger eingesetzt war. Ich wechselte Windeln, reichte Getränke aus Schnabeltassen, las einer schwer an MS erkrankten Frau aus dem kleinen Prinzen vor und erfreute mich an ihrer Freude. Ich guckte mit dem 65-jährigen Sohn einer 93-jährigen Patientin Fußball, trank mit einem 91-Jährigen Sherry und unterhielt mich über Frauen. (»Langweilig, dass die Frauen heute immer gleich alles zeigen.«) Ich räumte die Wohnungen von Verwahrlosten auf, gab der Tochter eines Krebspatienten nach dessen Tod Nachhilfe, hielt mehrere Nächte lang Totenwache, stöberte in Fotoalben einer Sterbenden und ich ließ mich von Demenzkranken anpöbeln und von deren Frauen trösten.

Kurz, knapp und ein bisschen kitschig: Ich lernte die andere Seite des Lebens kennen. Die Seite, die Lehrer, Professoren, Juristen, Politiker und Banker oft, wenn überhaupt, nur vom Hörensagen kennen.

Kümmerte ich mich in jener Zeit um ein Praktikum? Dachte ich an den Lehrerberuf? Ans Referendariat? Nein, denn plötzlich erschien mir allein die Möglichkeit, als Lehrer oder als Referendar oder als was auch immer an einem Gymnasium die zukünftige Elite Deutschlands zu unterrichten, wie eine Arbeit auf einem Planeten in einer weit entfernten Galaxis.

Ich hätte auch versuchen können, als Krankenvertretung an einer Schule zu unterrichten. Das Erste Staatsexamen hätte ausgereicht dafür. Natürlich wäre ich, wenn ich mich darum gekümmert hätte, später nicht mit so grenzenloser Naivität durchs Referendariat gestolpert. Oder ich hätte mich bemühen können, in Hamburg ein Praktikum bei einer Zeitung oder in einem Verlag oder in einem Buchladen zu machen. All das habe ich nicht getan. Aber auch heute bereue ich nicht, damals einen anderen Weg gegangen zu sein.

Hätte sich meine Wartezeit erneut verlängert, hätte sich die Trauer darüber vermutlich in Grenzen gehalten. Außerdem schrieb ich, wenn ich nicht jobbte oder auf den billigen Plätzen in der Oper oder in der Musikhalle oder in einem der zahlreichen Theater saß oder durchs Niendorfer Gehege joggte oder am Elbstrand beziehungsweise an der Außenalster entlangspazierte, wie ein Besessener an meinen Büchern. Und ich war noch immer überzeugt davon, dass es nur eine Frage von wenigen Wochen sei, bis das Telefon klingeln und ein Lektor eines großen Publikumsverlags sich bei mir melden würde, um über einen fünfstelligen Vorschuss zu verhandeln. (Das dachte ich wirklich.)

Aber wenn das Telefon klingelte, war es in der Regel nur meine Mutter, die wissen wollte, wie es mir gehe. Immerhin konnte ich ihr irgendwann eine wirkliche Neuigkeit verkünden.

Juhu – verbeamtet auf Widerruf

Sehr geehrter Herr Saß,[13]   *Kiel, den 30.05.2002*

ich freue mich, Ihnen heute ein Einstellungsangebot machen zu können.

Zum 01.08.2002 biete ich Ihnen, vorbehaltlich des Nachweises Ihrer beamten-rechtlichen Eignung, die Einstellung in den Vorbereitungsdienst der Laufbahn der Studienräte an Gymnasien des Landes Schleswig-Holstein am […] Regional-seminar West, Abteilung Gymnasien, […] an.

[…]

Zum Nachweis Ihrer beamtenrechtlichen Eignung bitte ich Sie, unter Vorlage dieses Einstellungsangebots unverzüglich ein Führungszeugnis […] zu beantragen. Die Kosten hierfür gehen zu Ihren Lasten.

[…]

Mit freundlichen Grüßen

[…]

Obwohl ich die Sache mit dem Regional*seminar* seltsam fand – ich dachte ja eigentlich, ich hätte genug für drei Leben in Seminarräumen gesessen – freute ich mich vermutlich über dieses Schreiben, das den Beginn eines gigantischen Tsunamis aus Behördenschreiben darstellte.

---

13 Das war mein *Mädchenname*.

Zwei Monate nach Eingang des ersten Schreibens war ich dann plötzlich verbeamtet! Es hieß lapidar:

> […] durch die beiliegende Urkunde habe ich Sie mit Wirkung vom 01. August 2002 unter Berufung in das Beamtenverhältnis auf Widerruf zum Studienreferendar ernannt. […] Ich behalte mir den Widerruf des Beamtenverhältnisses insbesondere für den Fall vor, dass sich Ihre Nichteignung für den Schuldienst während der Ausbildung herausstellt.

Na toll. Ich bin mir ziemlich sicher, dass mir die Sache mit der Verbeamtung herzlich egal war. Das möchte ich allerdings nicht falsch verstanden wissen: Ich meine damit, dass ich diesen ganzen Vorgang überhaupt nicht reflektiert habe. Ich habe keine einzige Sekunde darüber nachgedacht, was es bedeutet, verbeamtet zu werden. Zu meiner Verteidigung kann ich nur sagen: Für mich war das alles ziemlich normal. Mein Vater war verbeamtet. Die Väter meiner Schulfreunde waren verbeamtet. Beide Elternteile meiner Lebensgefährtin waren verbeamtet.

Ich erinnere mich allerdings auch an kein einziges Gespräch mit den anderen Referendaren über das Thema Verbeamtung. Niemand schien darüber nachgedacht zu haben, dass durch die Verbeamtung einige Grundrechte eingeschränkt werden. Niemand hat sich meines Wissens damit befasst, ob es immer ein Vorteil sein muss, privat krankenversichert zu sein. Dass man sich als Beamter nicht mal gesetzlich versichern kann, weil es einfach zu teuer ist, da der Staat nur die private Krankenversicherung durch die Beihilfe bezuschusst, interessierte ebenfalls niemanden. Ach ja: Wenn man verbeamtet ist, zahlt man ungerechterweise keine Sozialabgaben. Dieses System kann im Referendariat schnell zum Bumerang werden. Man bekommt nämlich kein Arbeitslosengeld, wenn man nach dem Referendariat keine Stelle findet. (Immerhin: Später habe ich das mit dem Reflektieren dann nachgeholt. Was dabei herausgekommen ist, steht im Verbeamtungsteil.)

Fast vierzig Referendare saßen zu Beginn meines Referendariats in einer Art Klassenraum und wurden von der Leiterin des Seminars, Frau Dr. Soundso, über die Geschichte der Beamten aufgeklärt. Ich erinnere mich nicht, jemals einer humorloseren Veranstaltung beigewohnt zu haben. Schade, dass wir – ich auch – uns alle haben berieseln lassen von den Ausführungen der Dame, die mit ihrer Ernsthaftigkeit und ihrer Herumreiterei auf Daten, Paragrafen und Verordnungen wirkte wie eine Karikatur des gesamten Beamtenstandes. Ein paar kritische

Nachfragen, und die Veranstaltung wäre aus dem Tiefschlaf erwacht, in dem sie sich zwei Stunden lang befand. Aber unter den zukünftigen Studienräten, Oberstudienräten und Schuldirektoren befand sich kein kritischer Geist.

Dann lernten wir unsere Seminarleiter kennen: einen in Französisch, einen in Geschichte, einen in Pädagogik. Plötzlich saß ich – wie an der Uni – also tatsächlich wieder in Seminarräumen, und das, was an der Universität problemlos hätte ins Studium integriert werden können, war Teil der Referendarsausbildung. Und genau für diesen Teil der Ausbildung war der Seminarstandort zuständig.

Meine Einsatzschule,[14] der ich zugewiesen worden war, sollte zwei Jahre lang meine Schule bleiben. (In den Jahren, die dem Referendariat folgten, blieb ich selten so lange an ein und derselben Schule.) War ich, nachdem mich das Seminar derart schockiert hatte, nun wenigstens zufrieden mit meiner Schule und mit dem Praxisteil des leider doch sehr theoretischen Referendariats? Nein.

Markenzeichen Studentenlook

Während der eine Teil der Ausbildung wie eine ziemlich öde Reise in eine eigentlich längst abgeschlossene Vergangenheit war – für mich lag das Studium und die Seminaratmosphäre schon weit über ein Jahr zurück – war der Einstieg an der Schule fast schon zu heftig. Ein Sprung ins kalte Wasser sei das, wurde einem mit einem Augenzwinkern gesagt. Das stimmte nicht: Es war ein Sprung ins Eiswasser. Denn in Schleswig-Holstein bekam man nicht nur seine Mentoren zugewiesen, bei denen es sich um Fachlehrer aus dem Kollegium handelte und bei denen man einmal pro Woche hospitieren sollte und die selbst zum Hospitieren kamen und während des Unterrichts hinten mit einem Block in der Hand in der Ecke saßen und sich Notizen machten, sondern man bekam auch seine Klassen. Vom ersten Tag an unterrichtete ich eigenverantwortlich Französisch in einer achten und Geschichte in einer siebten Klasse sowie in einem Grundkurs im zwölften Jahrgang. In den meisten anderen Bundesländern hospitiert man zuerst einige Monate. Und das ist auch richtig so. Denn: die armen Schüler!

---

14 Die Schulen, an denen ich gearbeitet habe, stelle ich in *Teil VII (Zwischen Horror und Traum – aus den Klassenzimmern der Republik)* vor.

Ich hielt mich natürlich für ein didaktisch-pädagogisches Natur-talent. Aber ich war es nicht. Was ich binnen weniger Wochen begreifen sollte (und worüber ich im Studium nie nachgedacht hatte), war Folgendes: Erst im Klassenraum zeigt sich, ob man diesen Beruf durchhält. Zu Hause Klausuren korrigieren, das mag viel Arbeit sein, aber zerbrechen wird man daran ebenso wenig wie an Lehrer- oder Zeugniskonferenzen. Nein, wenn man am Lehrerberuf scheitert, dann scheitert man an den Schülern. Und zwar konkret an der Situation im Klassenraum. Der Lehrer ist nämlich allein, während sich die Klasse manchmal aus dreißig Schülern zusammensetzt. Und selbst wenn es nur zwanzig Schüler sind … es ist und bleibt eine Übermacht, der man gegenübersteht. Das muss man auch dann durchhalten, wenn die Schüler in der achten Stunde bei 28 °C Außentemperatur keine Lust haben oder, noch schlimmer, in Boykottstimmung sind. Spätestens, wenn sich die Schüler hinter ihren Tischen verkriechen und man sich als Lehrer am liebsten hinter dem Pult verstecken würde, dann kann dieser Beruf, der das Gefühl der Einsamkeit ja eigentlich fast schon per se ausschließt, der einsamste Beruf überhaupt werden.

Die achte Klasse war nur eine halbe Klasse und eigentlich war sie erschreckend harmlos. Aber wenn man vor die Klasse tritt und als Erstes erzählt, dass die Schüler keine Angst zu haben bräuchten, wenn sie die Hausaufgaben mal vergäßen, dann begeht man am ersten Tag einen Fehler, der sich immer wieder rächen wird. (»Sie haben doch gesagt, es sei egal, ob wir Hausaufgaben machen.«)

Die knapp dreißig Siebtklässler hatten einen Klassenlehrer, der mit äußerster Härte agierte. Das muss nicht immer das Schlechteste sein. Vor allem dann nicht, wenn man in der Härte fair und berechenbar bleibt. Und in Mittelstufenklassen kann das sogar sinnvoll sein. Wenn ausgerechnet in einer solchen Klasse ein unerfahrener Referendar zum ersten Mal vorsichtig in den Klassenraum schaut, hoffen die Schüler, dass auf den harten Stressunterricht ein lockerer Spaßunterricht folgt. Vor allem wenn jemand wie ich reinkommt: lange Haare, unrasiert, Jeans, Doc Martens.[15] In diesem Kurs lief wenig. Dabei gab es nur zwei Mädchen, die mich immer wieder provozieren wollten (und mit Kreide

---

15 Von einer Kleiderordnung halte ich nur bedingt etwas. Man sollte schon so bleiben, wie man ist. Die Schüler merken es, wenn man sich für die Schule maskiert. Ich habe auch heute noch lange Haare, bin unrasiert, trage Jeans und Doc Martens. Das ist heute kein Problem, weil sich mein Auftritt geändert hat.

nach mir warfen, sobald ich mich zur Tafel drehte). Ich fiel darauf herein und nach und nach entglitt mir die ganze Klasse.

Der zwölfte Jahrgang wiederum war ein Selbstläufer. Mit höheren Klassenstufen lief es fast immer und fast überall so gut, dass für mich eine kleine Welt zusammenbrach, als ich an meiner jetzigen Schule mehrere Monate lang an ältere Schüler nicht herankam (siehe auch *Teil VII, Horrorstunden*).

So fing der *Praxis*teil meiner Ausbildung an. Nach sechs Jahren an der Universität stand ich vor einer halben achten Klasse, in der keine Problemkinder saßen, und vor einer ganzen siebten Klasse, in der ebenfalls keine Problemkinder saßen, und all das Wissen um die Herkunft des französischen Demonstrativpronomens und des ersten makedonischen Krieges wollte mir einfach nicht weiterhelfen. Es war nicht so, dass ich untergegangen wäre. Aber es lief eben auch nicht. Zum Glück dachte ich nicht darüber nach, dass ich an einer Schule gelandet war, an der die Problemdichte gleich Null war. Hätte mir das jemand gesagt, hätte ich vielleicht sogar aufgegeben. Aber da die meisten Lehrer nach dem Referendariat nur eine einzige Schule kennenlernen (manchmal werden sie sogar übernommen), wussten die meisten meiner Kollegen wahrscheinlich wirklich nicht, wie einfach das Unterrichten in diesem zu Schleswig-Holstein gehörenden Hamburger Vorort war.

Meine Ahnungslosigkeit war das eine Problem. Zum Teil von mir verursacht, weil ich es nicht mal in meinen Assistentenjahren für nötig gehalten hatte, mich konsequent mit dem Thema Unterrichten auseinanderzusetzen.

Darüber hinaus stimmte die Chemie zwischen mir und dem Direktor von Beginn an nicht. Ich habe immer Probleme mit Autoritäten gehabt. Sobald ich das Gefühl hatte und habe, jemand ist nicht bereit, mir auf Augenhöhe zu begegnen, schaltet sich irgendwo in mir ein Schalter auf Widerstand um. (Früher war ich stolz darauf.) Die Professoren waren anders gewesen als dieser Schuldirektor und vor allem als die Seminarleiter, die ich erst im Verlauf der Zeit wirklich kennenlernen sollte. Die Professoren haben zwar zum Teil weltfremde Sachen gelehrt, aber ich hatte, obwohl nur durchschnittlich begabt, nie das Gefühl gehabt, in Sprechstunden wie ein Idiot behandelt zu werden.

Gleich das erste Telefonat, das der Direktor und ich noch vor meinem Dienstantritt führten, verlief eher unglücklich. Der Direktor fragte: »Sie haben 2001 Ihr Studium abgeschlossen, warum fangen Sie denn jetzt erst mit dem Referendariat an?«

»Meine Note war nicht soooo gut.«

(Schockiertes) Schweigen am anderen Ende der Leitung. Dann: »Aha. Und was haben Sie in der Zwischenzeit gemacht?«

»Gearbeitet.«

»Gearbeitet?«

»Ja, gearbeitet. Zum Beispiel in der ambulanten Krankenpflege.«

»Warum das denn?«

(Verblüfftes) Schweigen. Dann sagte ich: »Na ja, um Geld zu verdienen.«

Nach diesem Telefonat war nicht mehr viel zu retten zwischen mir und Herrn Dr. Meister. Als ich mich vorstellte, trug er wie immer einen Anzug, natürlich mit Schlips. Übrigens hatte ich auch später einen Direktor, der stets einen Schlips trug. Und es ist niemandem vorzuwerfen, sich in der Funktion als Direktor ein wenig vom Kleidungsstil des Kollegiums (wo so gut wie nie ein Schlips getragen wird) abzuheben. Aber in diesem Fall kam eines zum anderen. Die dröge Strenge wurde durch einen streng-drögen Kleidungsstil unterstrichen. Herr Dr. Meister sagte bei meiner Verabschiedung unter anderem, dass mein *Markenzeichen* der *Studentenlook* sei. (Ich weiß bis heute nicht, ob er sich jemals den *Look* einiger altgedienter A14-Kollegen in seinem Kollegium angeguckt hatte.)

Mentoren hatte ich auch. Zwei im ersten Jahr, mit denen ich nicht besonders gut klarkam, und zwei im zweiten Jahr, mit denen ich mich ausgezeichnet verstanden habe. Das Problem meiner Mentoren im ersten Jahr war, dass sie die absolut gegensätzlichsten Lehrertypen verkörperten, die man sich vorstellen konnte. Die Mentorin war an Eifer nicht zu überbieten. *Methodenwechsel* war ihr erstes Wort, als wir zum ersten Mal miteinander telefonierten. Jeder Satz, den sie formulierte, hatte drei Ausrufezeichen. Aber sie meinte es gut. Sie gab mir gleich nach ihrem ersten Besuch eine Mängelliste, die so lang war, dass ich sie mir gar nicht erst anguckte (was wiederum falsch war). Und genau in dieser Situation beging ich einen meiner vielen Fehler: Ich hängte mich zu sehr an den anderen Mentor, der der Klischeelehrer par excellence war. A14, Schlabberpulli, lebte fußläufig in einem Eigenheim, kam immer fünf Minuten vor Unterrichtsbeginn in die Schule, ging mit dem Buch unter dem Arm in die Klasse und sagte: »Wo waren wir stehen geblieben?«

Jedes Mal tat er das. Hausaufgabe, auch jedes Mal: »Zehn Seiten weiterlesen.«

Zielsetzung des Jahres: »Wir müssen drei Bücher durchkriegen.«
Spaß und Freude am Fach Geschichte vermitteln? Nö.

Das war Unterricht, von dem man nur lernte, wie man es nicht machen sollte. Dabei hatte er das gar nicht nötig. Meine erste Stunde, die ich ihm zeigte, war grauenvoll. Die Schüler verstanden nicht, was ich von ihnen wollte. Und irgendwann wusste ich es selbst nicht mehr. Mein Mentor schien mir meine Verzweiflung nach der Stunde anzusehen. Er sagte mit väterlichem Tonfall: »Wir gucken uns einfach mal alles in Ruhe an.«

Und das taten wir. Anschließend ging es mir besser. Aber wie kann sich ein solcher Lehrer mit solchen Fähigkeiten die Blöße geben, so grottenschlechten Oberstufenunterricht zu machen? Ich bin ein absoluter Gegner von Showstunden, aber von ihm hätte ich gern mal eine gesehen.

Zurück zur Mentorin. Sie nahm alles sehr, sehr ernst. Auch mich. Sie wollte aus mir unbedingt einen guten Lehrer machen. Am besten, und das war keine gute Idee, eine Kopie ihrer selbst. Ich war aber nicht der Typ, der Schüler aufstehen ließ. Ich war es damals nicht. Und ich bin es heute nicht. Ich bin nun mal der etwas unorganisierte Kumpeltyp. Der Lehrer, der immer mal einen lockeren Spruch bringt. Der nicht so darauf achtet, ob das Datum rechts oben in der Ecke steht. Das wollte und konnte sie nicht akzeptieren. Deshalb klappte es nicht mit uns.

Das zweite Referendariatsjahr war besser. Es hätte sogar richtig schön sein können. Ich hatte zwei Mentoren, die ich mir ausgesucht hatte und die mich nahmen, wie ich war, und vor allem hatte ich drei Klassen, mit denen ich mich glänzend verstand. Im Kollegium hatte ich Freunde. Freitags spielten wir Fußball. Ich duzte den stellvertretenden Schulleiter und den Oberstufenleiter. Ich denke, dass ich in diesem zweiten Jahr Lehrer geworden bin.

Dass dieses Jahr, das so schön hätte sein können, trotzdem zu einem zweiten Horrorjahr geworden ist – und dass dieser Horror bis heute all die herrlichen Erinnerungen in die hinterste Ecke meines Gehirns gedrängt hat – liegt am System Referendariat. Es liegt an den Seminarleitern, am Lehrprobenirrsinn bzw. -unsinn und, nun ja, auch daran, dass ich natürlich ein eigenwilliger, schwieriger Mensch bin, der Dinge, die er für sinnlos hält, nicht macht. Was ich im Rückblick gelernt habe: Denken kann man ja, was man will. In bestimmten Situationen muss man einfach tun, was die Leute mit Notengebungskompetenz – und von bestimmten Noten hängt ja der Verlauf des weiteren Lebens ab – von einem verlangen und erwarten. Als ich mich schließlich entschloss, diesen Weg zu gehen, war dort, wo ich hinzukriechen beabsichtigte, leider kein Platz mehr. Auch deshalb endete das Referendariat in einem Debakel.

Fünf Probleme

Die Seminarleiter sind Gott – so heißt ein Kapitel im Buch *Survival für Referendare*.[16] Das stimmt nicht ganz. Sie sind es nicht. Sie halten sich nur viel zu oft dafür. Vor allem sind sie, ebenfalls viel zu oft, hemmungslose Lügner. Vermutlich hat jeder Referendar schon mal den Spruch, dass man ja bloß »ganz normalen Unterricht« sehen wolle, gehört. Das ist die größte Lüge, die man im Referendariat zu hören bekommt.

Die Wahrheit ist: Wehe man zeigt Unterrichtsalltag! Wehe man bringt seine Sprüche, die die Schüler so an einem mögen! Wehe man reagiert ad hoc auf den Wunsch, ein Thema ausgiebiger zu diskutieren und verschiebt die letzte im Entwurf angekündigte Phase in die nächste Stunde, um dem Schülerbedürfnis nachzukommen! Wehe man ist als Referendar das, was man als Lehrer jeden Tag sein muss: flexibel und dazu bereit, seine Unterrichtsplanung den Umständen anzupassen!

Aber was machen die Seminarleiter eigentlich genau? Nun, sie kommen in den Unterricht, setzen sich wie die Mentoren hinten in die Ecke und machen sich Notizen. Nach der *Vorführung* werden die gezeigten Stunden besprochen und später auch benotet.

Deshalb sind es im System Referendariat vor allem die Seminarleiter, deren Einschätzung (= deren Note) darüber entscheidet, ob man übernommen und einem eine Schule zugewiesen wird (damals) oder ob man die Chance bekommt, sich erfolgreich zu bewerben (heute). Dadurch haben sie unwahrscheinlich viel Macht. Denn man kann fast immer rechtfertigen, dass eine Stunde gut war. Man muss bloß die gelungenen Phasen entsprechend würdigen. Und man kann – und das ist das größte Problem an der Notengebung – auch genau das Gegenteil machen. Das gilt nicht für die Einserleute, die wirklich immer herausragend und perfekt organisiert sind und deren Stunden so sind, dass sich der Seminarleiter einfach bloß lächerlich machen würde, würde er an ihnen rummäkeln. Und das gilt nicht für die Fünfer- bzw. Sechserleute, die

---

16 Karin Brose, *Survival für Referendare*, Göttingen 2010

es einfach nicht können. Aber für vermutlich achtzig Prozent aller Referendare gilt, dass viele Stunden, die mit einer Zweiminus bewertet worden sind, von einem anderen Seminarleiter mit einer Vier bewertet worden wären. Und umgekehrt. Die Qualität einer Unterrichtsstunde kann man meistens nicht messen und vor allem nicht benoten. Denn jede Unterrichtsstunde gleicht einem kleinen Kunstwerk. Manchmal handelt es sich allerdings um moderne Kunst, die sich einem auf den ersten Blick nicht erschließt.

An meiner schwachen Note, die mein Leben in so ganz andere (aber nicht unbedingt schlechtere und schon gar nicht schiefe) Bahnen lenken sollte, waren allerdings nicht bloß die anderen schuld. Mein Anteil war durchaus erheblich.

Konkret sah die Liste der Probleme, mit denen ich im Referendariat zu kämpfen hatte, folgendermaßen aus:

> ## Problem 1

Wie schon erwähnt: Ich vertrug die Kritik meiner Mentorin nicht und ignorierte sie anschließend viel zu oft. Dabei hat es selten in meinem Leben jemand so gut mit mir gemeint. Wenn ich sie um Rat gefragt hätte – und ich hätte oft Rat gebraucht – sie hätte mir auch um drei Uhr nachts Rede und Antwort gestanden und sich anschließend für meinen Anruf bedankt. Aber ich rief sie nicht mal um drei Uhr nachmittags an.

> ## Problem 2

Während andere Referendare wochenlang eine Lehrprobe vorbereitet haben, habe ich inspiriert durch das Referendariat vor allem an einem Buch über einen Amok laufenden Lehrer gearbeitet und die Lehrproben nie länger als eine Woche vorbereitet. Wenn ich all die Zeit, die ich ausschließlich meinem Roman gewidmet habe, meinen Lehrproben gewidmet hätte, dann wäre ich vermutlich einen Tick besser gewesen.

> ## Problem 3

Das war der Direktor, den es nicht interessierte, dass ich vor allem im zweiten Jahr ein Lehrer war, den die Schüler anriefen, um sich mit ihm zum Fußballspielen zu verabreden und der selbst mit Schülern keine Probleme hatte, denen er eine Fünf geben musste. Es ist aber nun mal so, dass Lehrer, die sich gut mit Schülern verstehen, am Beruf in der Regel nicht zerbrechen werden. Es ist nun mal so, dass solche Lehrer selbst dann keine wirklich schlechten Lehrer werden können, wenn sie didaktisch und methodisch nicht immer perfekt sind, weil sie von den Schülern trotzdem respektiert werden. Es ist nun mal so, dass gerade in schwierigen Klassen – die es an meiner Ausbildungsschule allerdings nicht gab – solche Lehrer oft einen engen Kontakt zu Schülern aufbauen können. Das sind alles Qualitäten, die eine Lehrerpersönlichkeit ausmachen können. All dies war meinem Direktor herzlich egal.

› Problem 4

Einige Sachen konnte und kann ich wirklich nicht gut. Meine Tafelbilder sind schief und krumm. Wenn ich das Material auf Folien vorbereite, ist es auch nicht viel besser. Meine Fragestellungen und Arbeitsaufträge sind nicht immer klar und deutlich und bei einem Unterrichtsgespräch kann es schon mal chaotisch zugehen. Der Einserkandidat war ich eh nicht. Ein Zweierkandidat? Na ja. Mit ein wenig Fantasie und grenzenlos gutem Willen vielleicht. Ich habe übrigens auch Fehler gemacht, die niemand bemerkte, in denen ich heute aber ein eindeutig fehlerhaftes Lehrerverhalten sehe: Ich bin zum Beispiel aus Coolnessgründen immer zu spät zum Unterricht gekommen. Wenn das jemand tut, der aussieht wie ich, hat man schnell einen Ruf, der die Autorität massiv untergräbt. Nachdem auf einer Klassenfahrt Feueralarm ausgebrochen war, bin ich wohl auch deshalb von mir vollkommen unbekannten Schülern Wochen später gefragt worden: »Stimmt es, dass Sie den Feueralarm ausgelöst haben?«

»Wer sagt das denn?«

»Das wird so erzählt.«

»Und wie soll ich ihn bitteschön ausgelöst haben?«

»Na ja, es heißt, Sie haben auf Ihrem Zimmer gekifft.«

Oh Mann. (Ich habe ein einziges Mal in meinem Leben gekifft. Danach ist mir schlecht geworden. Und das war nicht auf der Klassenfahrt gewesen.)

› Problem 5

Das schwerwiegendste und damit auch folgenreichste Problem war mein vollkommen gestörtes Verhältnis zu den Seminarleitern. Ich befürchte zugeben zu müssen, dass ich manchmal ganz bewusst Widerstand leistete, um ja nicht in den Verdacht zu geraten mich anzubiedern. Ich habe das ganze System Referendariat, das auf die Macht der Seminarleiter aufbaut, auch nicht verstehen wollen. Auch heute verstehe ich nicht, wie man solchen Menschen, die weder einen höheren wissenschaftlichen Abschluss als die Referendare erlangt (zum Beispiel eine Promotion) noch eine Extraausbildung im Bereich Erwachsenenausbildung genossen haben, mit einer solchen Machtfülle ausstatten kann. Mit einer Machtfülle, die es ihnen erlaubt, manch eine potenzielle Lehrerkarriere im Keim zu ersticken. Es kam manchmal zu kuriosen Szenen. Einer meiner Seminarleiter kritisierte mich für einen meiner Sprüche, der andere sagte, dass er genau das gut gefunden habe. Was denn nun? Es muss bei Bewertungen, von denen manchmal abhängt, ob ein Mensch in Zukunft seine Familie wird ernähren können, doch ganz klare Kriterien geben, was gut und was schlecht ist. Eines meiner legendären Tafelbilder wurde vor versammelter Mannschaft nicht etwa kritisiert, weil es schief gewesen wäre, sondern weil ich ein Komma falsch gesetzt hatte. Nur: Das stimmte nicht! Als ich den Seminarleiter darauf ansprach, sagte er, dass ich das Komma zwar setzen *könnte,* aber eben nicht setzen *müsste.* (Diese Kritik habe ich bis heute nicht verstanden.)

Allerdings war ich auch kein angenehmer beziehungsweise besonders strebsamer Referendar, der sich während des Referendariats überarbeitet hat. Meinem Seminarleiter in Französisch habe ich auch damals nicht vorgeworfen, dass er meine Examensarbeit – immerhin ein nicht zu verachtendes Sechstel der Endnote – nur mit der Note Ausreichend bewertet hatte. Ich hatte daran sechs Tage gearbeitet. Ich dachte, ich könnte ihn überlisten und die Arbeit nach wesentlich mehr aussehen lassen. Das ist mir nicht gelungen. Andere Referendare, die ich belächelt habe, haben daran monatelang gearbeitet. Und eine Zwei bekommen.

An meinem Examenstag im April 2004 konnte ich nicht darauf hoffen, das Blatt wenden zu können. Der Tag, an dem ich zwei Schulstunden zeigen und eine einstündige mündliche Prüfung bestehen musste, war einer der entsetzlichsten Tage meines Lebens (das bis dahin allerdings mit wenigen entsetzlichen Tagen ausgekommen ist). Über diesen Tag zu schreiben würde zu sehr vom Wesentlichen ablenken. Darüber hinaus befürchte ich, dass der Abschnitt über diesen Tag wie eine Rache in Buchform für die erlittene Demütigung wahrgenommen werden könnte. Also lasse ich es sein.

***

Habe ich Fehler gemacht, die ich heute bereue? Das Buch musste ich schreiben. Das werfe ich mir auch heute nicht vor.[17] Wenn eine Idee da ist, dann kann ich sie nicht ewig mit mir rumschleppen. Dann muss ich anfangen. Aber ich hätte während des Referendariats unbedingt diplomatischer sein müssen. Und vielleicht hätte ich einige Absurditäten mit Humor nehmen müssen. Auch das hätte die Situation oft entspannt und wäre gewiss für alle Beteiligten besser gewesen. Weil ich mich im Recht gesehen habe, war ich oft viel zu verbissen. Und natürlich hätte ich an meinen Schwächen mehr arbeiten müssen.

Übrigens liest und hört man immer wieder, dass man sich mit Familienplanung während des Referendariats zurückhalten solle. Das ist schlicht und ergreifend Blödsinn. Der richtige Zeitpunkt für ein Kind ist eh nie da. Und der falsche eher selten. (Man sollte natürlich nicht fünfzehn sein.) Das Studium und das Referendariat sind definitiv keine falschen Zeitpunkte. Eigentlich hätte Fehler sechs sein müssen, dass ich ausgerechnet in meinem Examensjahr Vater geworden bin. Schon damals hatte ich allerdings den Eindruck, dass mein Sohn mich oft gerettet hat. Bis zu meinem Lebensende werde ich nicht vergessen, wie ich eines Tages vollkommen deprimiert nach einer mal wieder verunglückten Lehrprobe nach Hause kam und meine Frau meinen Sohn zur Begrüßung im Arm hielt. Er sah mich von weitem … und lächelte. Damit war mein Tag gerettet.

Wie dem auch sei: Der Direktor verabschiedete mich mit den Worten, dass ich ein guter Kollege gewesen sei, schließlich hätte ich auch freiwillig Vertretungsstunden übernommen, und ich selbst möchte den Referendariatsteil dieses Buches mit einem *Danke!* abschließen.

Danke für die 3,5! Statt in Pinneberg oder in Heide auf Lebenszeit verbeamtet zu werden (worüber ich mich damals vermutlich gefreut hätte), reiste ich meiner Frau hinterher, die ebenfalls – als Biochemikerin mit glänzendem Abschluss und hervorragender Promotion – zunächst mit Befristungen in Hamburg, Hannover und Berlin zu kämpfen hatte, bis ihr ein fester Arbeitsvertrag bei einem Pharmakonzern in Wupper-

---

17 *Klassenkampf* hat dann immerhin eine Agentin begeistert. Aber die Verlage wollten trotzdem nicht anbeißen. Nicht schlecht, aber ein zu schwerer und deprimierender Stoff für ein Debüt, soll es geheißen haben. Und dann noch ein Held, mit dem man sich nicht identifizieren könne. Wenn ich heute in *Klassenkampf* reinlese, verstehe ich die Verlage. Ich überarbeite *Klassenkampf* gerade. *Klassenkampf reloaded* wird nun noch schwerer und deprimierender.

tal angeboten wurde. Und ich? Ich kümmerte mich um meinen Sohn, dann um meinen Sohn *und* um meine Tochter, ich folgte meiner Frau mit einem Kind nach Berlin, dann mit zwei Kindern nach Wuppertal, ich war *der* Vater in den Turngruppen, in den PEKIP-Kursen und in den Wartezimmern der Kinderärztinnen, aber ich war auch Lehrer. Ich machte eine Lehrerkarriere, um die mich niemand beneidet, die ich aber irgendwann zu genießen begann, weil sie so spannend war: Ich wurde Vertretungslehrer. Erst aus Zwang. Dann aus Leidenschaft. Ich arbeitete an vier Schulen in Hamburg, an einer Schule in Berlin, an einer Schule in Wuppertal und inzwischen bin ich an einem Berufskolleg in Nordrhein-Westfalen fest übernommen worden. Acht Jahre nach meinem Horrorexamenstag.

Teil IV: Hallo, ich bin der Neue!

Als ich im September 2004 an einem Gymnasium in Hamburg-Harburg zum ersten Mal als Vertretung eingesetzt wurde, rechnete ich mit vielem. Zum Beispiel damit, dass ich übernommen werden würde. Mit einer Sache rechnete ich aber gewiss nicht: Damit, dass meine Karriere als Vertretungslehrer erst im Februar 2012 enden sollte.

In den Vertretungsjahren habe ich an sechs staatlichen Schulen als Krankenvertretung unterrichtet. In einem Fall 16 Stunden. In einem anderen Fall bloß sieben Stunden. Selbstverständlich war ich immer befristet angestellt. Und die Sache mit den Verträgen war in jenen Jahren auch nicht der Grund, weshalb ich irgendwann mit einer Leidenschaft Vertretungslehrer war, mit der andere Lehrer die Leitung einer Schule übernehmen.

Gleich bei meiner ersten Stelle erhielt ich mehrere Folgeverträge. Der erste Vertrag lief bis zu den Herbstferien. In den Herbstferien wurde der Vertrag aber noch nicht verlängert, weil noch nicht abzusehen war, ob der vertretene Lehrer sich tatsächlich würde weiter krankschreiben lassen. Das war allein deshalb ein Problem, weil ich einen Kurs hatte, für den ich schriftliche Themen für das Abitur stellen sollte. (Damals gab es in Geschichte noch kein Zentralabitur.) Ich musste am ersten Schultag nach den Herbstferien in der Schule anrufen. Dort lag bereits eine Krankmeldung vor, weshalb ich meine Arbeit wieder aufnehmen beziehungsweise weiterführen konnte.

Noch kurioser verlief die nächste Verlängerung: Ich wusste an einem Donnerstag nicht, ob ich am Freitag unterrichten sollte. Daraufhin rief ich den Lehrer, den ich vertrat, selbst an. Er wolle sich weiter krankschreiben lassen, sagte er bestens gelaunt. Dann erzählte er, dass er eigentlich keine Lust mehr habe, überhaupt wieder anzufangen, aber wegen der Pension müsse er leider unbedingt noch einmal ein paar Monate unterrichten usw. usf. Gleich bei meiner ersten Krankenvertretung kam ich in Kontakt mit einem Lehrer, der kein Bock mehr hatte.

Der Vertrag war bis zum Ende des ersten Halbjahres befristet. (Obwohl es sich um einen Folgevertrag handelte, erhielt ich den letzten Arbeitsvertrag erst nach Beendigung meiner Tätigkeit.) An meinem allerletzten Schultag ging ich dennoch mit ein wenig Restoptimismus in die Schule. Vielleicht hatte sich der bocklose Kollege ja in letzter Sekunde doch noch für einen weiteren Monat krankschreiben lassen. Der Direktor, der mir sehr wohlgesonnen war, zuckte jedoch bedauernd die Achseln. Der Kollege beabsichtige nun doch wiederzukommen, sagte er. Er fügte hinzu, dass es ihm leid tue. Langfristig könnten sie mich aber gut gebrauchen. Daraufhin wollte ich mit der zuständigen Dame in der Behörde einen persönlichen Gesprächstermin vereinbaren.

»Geht das nicht am Telefon?«, fragte die Dame mit dem höflichen Tonfall einer geübten Telefonistin, die in einem Call Center arbeitet. Ich trug mein Anliegen vor. Die noch immer höfliche Antwort lautete: »Keine Chance. Es geht nach Note, und da sind Sie noch lange nicht dran.« Ob Berufserfahrung zähle, fragte ich. Die nicht mehr ganz so höfliche Antwortet lautete: »Berufserfahrung ist gut für Sie. Aber uns interessiert ausschließlich die Note.«

Zum Glück kann man sich inzwischen in fast allen Bundesländern direkt bei den Schulen bewerben. Allerdings: Die meisten Schulen laden die Bewerber, und zwar ausschließlich, nach der Note ein. Berufserfahrung interessiert nicht. Ich war nicht nur verbittert, ich zitterte geradezu vor Wut.

Im Rückblick betrachtet, muss ich mich herzlich bei dieser Frau und der Behörde für ihr verbohrtes Beharren auf der Note als einziges Einstellungskriterium bedanken: Denn ich durfte in den folgenden Jahren so fantastische Erfahrungen machen, auf die ich noch am Ende meines Lebens mit einem staunenden Lächeln zurückblicken werde.

Zurück zu den Verträgen. An einem Gymnasium in Wandsbek erhielt ich einen Dreimonatsvertrag, der am letzten Schultag vor den Sommerferien endete, weshalb ich mich nicht wie die Kollegen in die Ferien, sondern in die Arbeitslosigkeit beziehungsweise in eine Phase der Nichtarbeit und daher auch Nichtvergütung verabschiedete. Arbeitslosengeld bekam ich wegen meiner Referendariatsverbeamtung nicht. Und Sozialhilfe beantragen … das kam für mich nicht infrage.

An einem Gymnasium in Altona, meiner nächsten Schule, erlebte das Vertragsverlängerungsspektakel eine Steigerung, die ich nie für möglich gehalten hätte. Dort sollte ich das mündliche Abitur abnehmen. Nur ob ich am Ende die Prüfung tatsächlich abnehmen würde, das wusste ich lange Zeit nicht. Denn: Die Verträge waren jeweils bis zum 30.09., dann bis zum 31.1., dann bis zum 4.3. und *dann* – in einer Phase, in der die Schüler längst mit den Vorbereitungen für das Abitur begonnen hatten – bis zum 2.6. befristet. Die mündlichen Abiturprüfungen fanden aber erst Mitte Juni statt. Ich ging zum Direktor, der in der Behörde anrief. Ich rief selbst in der Behörde an und ich schrieb E-Mails. Irgendwann bekam ich einen Vertrag bis zum 5.7., dem letzten Schultag vor den Sommerferien.

Als ich meinen Schülern davon erzählte, dachten sie, ich würde sie veralbern. Ich hatte sie aber nicht veralbert. Die Schulbehörde hatte sie veralbert. Sie hat wegen irgendwelcher Vorgaben die Schüler bis kurz vor dem Abitur im Ungewissen gelassen, wer ihnen die Prüfung abnehmen wird. (Es ist ja nicht so, dass das mündliche Abitur die unwichtigste Prüfung im Leben eines Schülers wäre.) Es war das zweite Mal, dass ich von der unverschämten Ignoranz derjenigen, die in den Behörden sitzen und den Schulbetrieb nur noch in Papierform kennen, angeekelt war. Und es sollte nicht das letzte Mal sein. (Mehr zum Behördenkrieg, den ich immer wieder führen musste, im Föderalismuskapitel.)

Obwohl ich nahezu das gesamte Schuljahr an der Schule unterrichtet und Abitur abgenommen hatte, war Hamburg wieder nicht bereit, mir auch nur einen einzigen Cent in den Ferien zu zahlen. In den Ferien, in denen andere Lehrer anderthalb Gehälter kassierten. Immerhin arbeitete ich zu diesem Zeitpunkt schon festangestellt an einem Abendgymnasium. Das war mehr als ein schwacher Trost.

In Berlin wiederholte sich das Theater. Das erste Halbjahr an einer Schule endet normalerweise am 31.1. Und höchstens so lange laufen meistens auch die Verträge. Das war in Hamburg so. Und das war in Berlin so. Und auch in Nordrhein-Westfalen sollte es nicht anders sein. In Berlin gab es zur Zeit meiner Berliner Januarkrise eine weitere Krankenvertretung. Meine Vertretungskollegin unterrichtete ebenfalls Französisch. Sie oder ich, das war die Frage. Eigentlich hatte ich solche Wettbewerbe bis dahin immer verloren. Hinzu kam, dass ich nichts tun konnte und auch nichts tun wollte, um das Schicksal zu meinen Gunsten zu beeinflussen. Schließlich wusste ich ganz genau, in welche Situation meine Kollegin geriete (Jobsuche, kein Geld, Frust, usw.), sollte der Vertrag mit mir verlängert werden.

Irgendwann, wenige Tag vor Ablauf des Vertrages, wurde ich aus dem Unterricht geholt – vom Direktor höchstpersönlich. »Unterschreiben Sie jetzt. Sonst verlängern wir mit der anderen Krankenvertretung«, sagte er. Wir standen im Flur. Und ich unterschrieb. Kam ich mir blöd vor? – Nein. Ich war erstens länger an der Schule als die andere Vertretung und habe zweitens hinter ihrem Rücken nichts unternommen, um irgendwen zu beeinflussen. Als ich mich bei der anderen Krankenvertretung entschuldigte, lachte sie und sagte, sie hätte natürlich auch unterschrieben, wenn sie das Angebot bekommen hätte. Ich nannte ihr eine Schule, bei der ich in jenen Tagen zum Bewerbungsgespräch (für die Übernahme einer Vertretung) eingeladen war. Sie bewarb sich nun ebenfalls dort und mailte wenige Tage später, dass sie die Stelle bekommen habe. Ich wunderte mich selbst, wie sehr ich mich für sie freute. Vielleicht lernt man ja erst in Zeiten der vorübergehenden Arbeitslosigkeit, wie schmerzhaft die vielen Absagen, die man bekommt, wirklich sind. (Man bewirbt sich ja auch durchgehend auf feste Stellen.)

In Nordrhein-Westfalen verlief die erste Januarkrise dann weniger glücklich. Am letzten Januartag räumte ich an meinem Gymnasium in Wuppertal mein Fach und ging. Es war ein seltsamer, stiller Abschied.

An meiner jetzigen Schule bekam ich dann, man höre und staune, bei der dritten Vertragsverlängerung einen Jahresvertrag! Das war für mich nichts weniger als eine Sensation und ein grandioser Erfolg. Ich habe mich über diesen Vertrag mit Sicherheit mehr gefreut als diejenigen, die gleich nach dem Referendariat eine Stelle gefunden haben, verbeamtet worden sind und dann irgendwann ihre Lebenszeiturkunde ausgehändigt bekommen haben.

So war das mit den Verträgen. Immer wieder habe ich betteln und hinterhertelefonieren müssen. Insofern mag man mir verzeihen, dass Ende Februar 2007 viel Genugtuung dabei war, als ich das Angebot einer Vertretungsübernahme abgelehnt habe. Der Direktor, der mich anrief, kannte mich. Ich hatte schon an seiner Schule gearbeitet. Er sagte doch tatsächlich:»In der Behörde heißt es, Sie hätten gerade nichts zu tun. Könnten Sie nicht …« Ich unterbrach:»Danke, aber morgen fahre ich nach Berlin.« – »Schön, kein Problem. Sie können auch eine Woche später anfangen.« – »Das geht nicht: Ich *ziehe* nach Berlin!« Pause. Dann:»Ja, schön. Dann alles Gute für Sie.« Ende des Gesprächs. In der Tat saß ich schon auf gepackten Umzugskartons.

Trotz der kräftezehrenden Zeiten, in denen Verträge ausliefen oder ich gar keinen Vertrag hatte und daher arbeitslos und ohne Einkommen war, möchte ich meine Vertretungsjahre auf keinen Fall missen. Das Kennenlernen einer (oder: der) neuen Schule gehört keineswegs zur langweiligsten Phase in einem Lehrerleben. Viele Lehrer erleben das zweimal. Manchmal noch ein drittes Mal. Häufiger in der Regel nicht.

Solche Lehrer können sich mit Sicherheit nicht vorstellen, wie spannend und letztendlich bereichernd Schulwechsel sein können. Jeder Schulwechsel ist ein kleiner Neuanfang. Langeweile? Routine? Gibt es nicht. Warum das so und nicht anders ist, liegt auf der Hand: Jeder Direktor, der einen empfängt und in dessen Zimmer man den ersten und die weiteren Verträge unterschreibt, tickt anders. Der eine ist ein wenig hektisch. Der andere strahlt eine ungeheure Gelassenheit aus. Und die Direktorinnen erkundigen sich sofort nach den Kindern.

Jeder Hausmeister tickt anders. Manchmal machen Hausmeister ihren Job mit derselben Leidenschaft, wie die Angestellten der Stadtreinigung ihrer Arbeit nachgehen. Solche Hausmeister kriegen dann schnell die Krise, wenn jemand mitten im Schuljahr kommt und Schlüssel ausgehändigt bekommen möchte. Andere Hausmeister duzen sich mit den A15-Lehrern, spielen nachmittags mit Kollegen Badminton, nachdem sie am Vormittag versucht haben, vom Hausmeister-PC aus Theaterkarten für eine Kollegin zu reservieren. Diese Hausmeister sind nichts anderes als Teil des Kollegiums. Der Hausmeister an meiner jetzigen Schule ist so einer.

Das Gleiche trifft in etwas geringerem Maße auf die Sekretärinnen zu. (In der Regel sind es übrigens wirklich fast ausnahmslos weibliche Sekretärinnen und männliche Hausmeister.) Dort erhält die Krankenvertretung die Klassenlisten. Manchmal wird man ein wenig blöde behandelt, weil die Sekretärin denkt, man sei nur ein Praktikant. (Allerdings sollte man auch Praktikanten mit dem nötigen Respekt behandeln.) Einmal wurde mir ein Schlüssel für einen bestimmten Raum nicht ausgehändigt. Ich kann unmöglich beschreiben, in was für einem Tonfall mir in Anwesenheit einer kleinen Schülerfraktion diese Auskunft ins Gesicht gekeift wurde. Aber meistens sind die Sekretärinnen freundlich, zuvorkommend und hilfsbereit.

Dann lernt man die Fachbereichsleiter kennen. Die freuen sich meistens, weil sie zuvor die Vertretung intern regeln mussten, und das bedeutet Mehrarbeit.[18] Manchmal wird einem die Schule gezeigt.

---

18 Jetzt wird unser Berufsstand vermutlich wieder belächelt. Lehrer und *Mehr*arbeit? Wie passt das denn zusammen? Aber wenn man einen dreistündigen Kurs zusätzlich übernimmt, dann steigt die Wochenarbeitszeit um bis zu drei Zeitstunden. Mit Pech muss man dann noch im übernommenen Kurs eine Klausur schreiben. Und Zack, hat man plötzlich in einer Woche acht Zeitstunden *Mehr*arbeit. Wenn man das von anderen Berufsgruppen verlangen würde, würden sie Sturm laufen.

Meistens aber nicht. (Warum eigentlich nicht?) Das führt dazu, dass man sich in den ersten Wochen ständig verläuft. Vor allem zu Beginn meiner Vertretungskarriere war mir das noch peinlich. Ich stand schon im komplett falschen Gebäude und habe mit einem Schlüsselloch gekämpft, in das der Schlüssel partout nicht reinpassen wollte. Die Vertretungspläne, die einem nicht erklärt werden – eine Geschichte für sich. Überall sehen sie anders aus. Überall bedienen sich die Stundenplanmacher anderer Kürzel. Als Krankenvertretung saß ich nicht nur einmal im Klassenraum mit ausgebreiteten Sachen, und dann kamen die Schüler nicht. Sie warteten in einem ganz anderen Raum auf mich. Oder ich betrat gut gelaunt einen Raum, und dann saßen meine Schüler zwar brav im Klassenraum, aber sie schrieben eine vierstündige Klausur. Oder ich ging zur Schule und wurde nicht ganz freundlich empfangen, weil ich eigentlich eine Vertretungsstunde hätte übernehmen sollen. Oder ich ging zur Schule und hatte gar keinen Unterricht. Die meisten Kollegen verzeihen einem letztendlich aber alles. Schließlich ist man ja bloß die Vertretung, und dadurch kommt man auch in den Genuss einer gewissen Narrenfreiheit, die ich im Verlauf der Jahre geschickt auszunutzen verstand und in der ich durchaus einen Vorzug sah. Zum Beispiel nimmt man nachmittags nur dann gern an einer Verabschiedung verdienter Kollegen teil, wenn man zu den einzelnen Kollegen wirklich einen Bezug hat. Als Krankenvertretung muss man nicht betteln, um sich offiziell zurückziehen zu dürfen. Und natürlich ist es unmöglich, Extraaufgaben zu übernehmen. (Die Übernahme solcher Aufgaben, zum Beispiel einer Theater-AG, kann einem Lehrerleben allerdings erst den richtigen Sinn geben.)

Jedes Schulgebäude und jede Schule funktioniert anders. Natürlich ist der Erkenntnisgewinn dieser Feststellung gering. Aber als Krankenvertretung lernt man diese so unterschiedlichen Gebäude und das so unterschiedliche Funktionieren der Schulen auch wirklich kennen. Wie oft bin ich in Hamburg an diesem märchenhaften Altbau in Altona vorbeigeradelt. Irgendwann unterrichtete ich dort. In der U-Bahn hing immer Werbung von der Abendschule. Irgendwann unterrichtete ich dort. In Wuppertal unterrichtete ich in Containern und musste mir als erste Maßnahme für achtzig Euro (!) Kopierkarten kaufen. Mein Arbeitsverhältnis begann mit einem Minus. Das Geld müsse ich von den Schülern einsammeln, hieß es. Das war lästig, und dass ich versehentlich fünf Euro Gewinn gemacht habe, nur ein schwacher Trost. Hin und wieder habe ich mit Schulbüchern unterrichten müssen, die so alt waren, dass ich mich geschämt habe, die Schüler zu bitten sie aufzuschlagen. Was für ein Luxus neue Bücher sein können, merkt man erst nach einer solchen Erfahrung. An meiner jetzigen Schule stehen den einzelnen Abteilungen (Gesundheit und Soziales, Gestalter, Tischler, usw.) Teamräume zur Verfügung. Dort stehen mehrere PCs, Drucker, manchmal sogar ein Extrakopierer und die Atmosphäre ist stets entspannt. Das ist: der reine Wahnsinn! Aber wer weiß das schon von meinen Kollegen, von denen einige direkt nach dem Referendariat übernommen worden sind?

Als Krankenvertretung kommst du dir vor wie ein Reisender. Wenn man auch während der Studentenzeit jedes Jahr nur ein einziges Mal nach Usedom gefahren ist (wo es sehr hübsch ist), dann empfindet man diese ständigen Schul- und Stadtteilwechsel mit Sicherheit grässlich. Ich bin als Student um die ganze Welt gereist. Vielleicht habe ich es deshalb schon bei meinem zweiten Einsatz als etwas ganz Besonderes empfunden, eine neue Schule, einen neuen Direktor, einen neuen Hausmeister, eine neue Sekretärin, neue Kolleginnen und Kollegen und einen neuen Stadtteil entdecken zu dürfen. Die lange Fahrt von Hagenbecks Tierpark bis zum Hamburger Hauptbahnhof und von dort weiter mit der S-Bahn auf die andere Elbseite nach Harburg … das war nichts anderes als eine tägliche Kurzreise in einen Stadtteil, den ich zuvor nicht kannte. Und Altona war wie eine Rückkehr. Dort hatte ich ein halbes Jahr als Krankenpfleger gearbeitet. Nun unterrichtete ich dort. Die Schule lag in der Nähe des Altonaer Bahnhofs und um den Bahnhof herum lag das Zentrum Altonas, wo ich mich plötzlich häufig aufhielt. (Und die Elbe ist auch nur noch einen Steinwurf entfernt.)

In Berlin haben wir in Moabit gewohnt. Direkt gegenüber eines Gymnasiums. Meine Kinder hätten, wenn sie es aufs Gymnasium geschafft hätten und wir in Berlin wohnen geblieben wären, in der Fünfminutenpause schnell ein Heft holen können (was nicht unbedingt ein Vorteil ist, wenn die Lehrer das wissen). Meine Schule lag in Tempelhof/ Kreuzberg. Ein anderer Stadtteil, und in Berlin heißt das: eine andere Welt! Ich joggte von dort oft zurück. Großstadtjogging. Herrlich! Meine direkte Tour führte mich zunächst am Flughafen Tempelhof vorbei und den Mehringdamm entlang, auf dem in der Regel reges Treiben herrschte. Dann lief ich am Landwehrkanal entlang, bog entweder ein in die Stauffenbergstraße, lief am Verteidigungsministerium vorbei und durch den Tiergarten zurück oder ich lief gleich bis zum Zoo oder ich … oder …Es war: großartig!

Allein für meine Berliner Bewerbungsgespräche musste ich durch halb Berlin touren. Manchmal waren die Bewerbungsgespräche erfreulich, wenn auch nicht erfolgreich. Manchmal waren sie hässlich. (»Wir haben Sie nur der Form halber eingeladen […] bei Ihren Noten!«) Einen touristischen Mehrwert hatten sie immer.

Zwischenfazit: Ich habe die *Reisen* zu den Schulen immer sehr genossen. Und ja, es stimmt, dass alle Lehrer, die nicht an einer Schule in der unmittelbaren Nachbarschaft beschäftigt sind, solche Reisen machen. Aber: Sie machen eine solche Reise ein einziges Mal. Meistens bleiben sie dann bis zu ihrer Frühpensionierung an ein- und derselben Schule. Als Krankenvertretung ist man ständig auf Reisen. Ich habe allein im Kalenderjahr 2005 an vier Schulen gearbeitet.

Aber das, was letztendlich jede Krankenvertretung zu einem rauschhaften Erlebnis werden ließ, waren in all diesen Jahren die Schüler. Die Schüler wissen in der Regel überhaupt nicht, worauf sie sich einstellen sollen. Wenn ein Schüler zwei oder drei Jahre an einer Schule ist, dann hat er meistens von allen Lehrern etwas gehört. Von Herrn Hinz weiß er, dass er sehr streng ist. Von Frau Kunz ist bekannt, dass sie viele Hausaufgaben aufgibt und auch kontrolliert, ob sie wirklich gemacht werden. Ach ja, und Herr Müller, bei dem langweilt man sich zu Tode und trotzdem darf man nicht aufs Klo, und am besten ist Frau Schneider, denn der ist es egal, ob man Hausaufgaben macht, und wenn man sich einmal meldet, bekommt man gleich eine Eins. Ein Kollege im Referendariat hat das Lehrerdasein – er unterhielt sich mit einem wechselwilligen Kollegen – folgendermaßen auf den Punkt gebracht: »An einer neuen Schule muss man sich den Mythos, von dem man lebt, wieder neu aufbauen.« Genauso ist es. Es gibt nicht wenige Lehrer, die von ihrem Ruf leben. Ich konnte in jenen Jahren nie von meinem Ruf leben. Wenn ich mir so etwas Ähnliches wie einen Ruf aufgebaut hatte, dann war ich auch schon wieder weg.

Die Schüler stellten sich in meinem Fall also immer folgende Frage: »Wer ist eigentlich Herr Ulbricht?« Und dann übernimmt dieser Unbekannte, von dem man nicht mal weiß, ob er erst dreißig oder schon fünfzig ist, mitten im Schuljahr einen Kurs. Oft einen Abiturkurs. Mal steht der große Unbekannte kurz nach den Sommerferien, mal Mitte November und manchmal auch erst nach den Osterferien vor den Schülern.

Ich sagte in solchen Fällen meistens: »Hallo, mein Name ist Herr Ulbricht. Ich bin jetzt erst mal Ihr Lehrer!« Das war mein Standard-Auftakt. In Nordrhein-Westfalen hatte ich den Vorteil, dass die Schüler von meiner Biografie zunächst einigermaßen beeindruckt waren. Irgendwann wusste ich, wie ich in bestimmten Klassen auftreten musste. Aber das Besondere am Lehrerberuf ist: Hin und wieder schätzt man einen Kurs dann trotzdem vollkommen falsch ein.

Wenn es mir allerdings nicht möglich gewesen wäre, dank meiner Frau in einem Fall vier Monate ausschließlich vom Kindergeld leben zu können, ohne große Abstriche zu machen, wenn ich also in unserer Familie die typische Männerernährerrolle innegehabt hätte, dann wären diese Jahre vermutlich von zerstörerischer Existenzangst begleitet gewesen. Deshalb kann ich niemandem empfehlen, sich freiwillig auf eine solche Karriere einzulassen und feste Angebote auszuschlagen. (Aber auf die Idee wäre vermutlich sowieso niemand gekommen.)

Ich bin nichtsdestotrotz zutiefst überzeugt davon, dass man sich selbst und der Schule und den Schülern keinen Gefallen tut, wenn die Lehrerkarriere daraus besteht, an der Schule, an der man schon das Referendariat gemacht hat, ein Leben lang zu unterrichten. Der Blick über den Tellerrand schadet nie. In unserem Fall heißt das: Der Blick in eine andere Schule. Es wäre mit Sicherheit nicht verkehrt, wenn es einen Lehreraustausch gäbe. Warum soll ein Gymnasiallehrer, der oft in der Unterstufe eingesetzt wird, nicht mal ein Jahr eine vierte (oder in Berlin eine sechste) Klasse an einer Grundschule übernehmen? Dass das sinnvoll ist, liegt doch auf der Hand. Je besser die Lehrer die Schüler kennen, die sie unterrichten werden, desto genauer können sie ihren Unterricht planen. Diejenigen – und es werden viele sein – die diese Idee jetzt für vollkommen idiotisch halten, bitte ich darum, folgende Frage zu beantworten: Was soll denn daran nicht vorteilhaft sein, dass ein Gymnasiallehrer ein Jahr lang in einer vierten Klasse Deutsch unterrichtet? Vor allem wenn sich der Trend zu Gesamt- und Gemeinschaftsschulen bestätigt, dann wird es in naher Zukunft fünfte Klassen, die ausschließlich mit Kindern mit gymnasialer Empfehlung zusammengesetzt sind, nur noch selten geben. Gerade dann sollte man dringend wissen, woher die Schüler kommen, in was für Klassenräumen sie gelernt haben und welche Regeln galten. Die weiterführende Schule soll genau das tun, was ihr Name behauptet: weiter *führen!* Die Schüler sollen dort nicht erschlagen werden, weil alles neu und anders ist. Gerade deshalb sollte für Gymnasiallehrer, die viel in der Sekundarstufe I unterrichten, ein Praxisjahr an der Grundschule eingeführt werden. Oder mindestens ein langes Praktikum. Und umgekehrt! Ein Grundschullehrer muss ja keinen Physikleistungskurs übernehmen. Aber wissen, und zwar *genau* wissen, wie an einer weiterführenden Schule der Englischunterricht abläuft, das sollte er schon. Was lernen die Kinder in den ersten drei Lektionen? Und wie lernen sie es? Wie sieht die erste Englischarbeit an einem Gymnasium aus? Natürlich könnte man sich dieses Wissen auch aneignen, indem man Material tauscht oder sich ein paar Klassenarbeiten zuschicken lässt. (Aber selbst das wird meines Wissens nicht getan.) Das ändert aber nichts daran, dass es *immer* besser ist, nicht nur etwas theoretisch zu wissen, sondern es aus eigener Erfahrung wirklich zu kennen.

Die Leistungskurslehrer (es sind doch meistens dieselben Lehrer, die Leistungskurse übernehmen), sollten irgendwann zurück an die Universität. Ebenfalls zum Praktikum. Was geschieht heute eigentlich in einem Proseminar? Sitzen da alle mit einem Laptop auf dem Schoß? Und wenn ja: Sollte man das dann im LK nicht hin und wieder erlauben? Sind alle Referate PowerPoint-Präsentationen? Wie sehen Hausarbeiten im Zeitalter von *Copy & Paste* aus? Solche Dinge weiß doch kein Lehrer, der seit zehn Jahren nicht mehr einen Hörsaal betreten hat. (Ich auch nicht.) Aber wäre es nicht dringend erforderlich, dass wir uns dieses Wissen aneignen? Durch Freistellungen, in denen Lehrer nicht über den Tellerrand gucken dürfen, sondern in dem sie es *müssen?!*

Am Berufskolleg und auch am Aufbaugymnasium kommen viele Schüler von Realschulen. Warum nicht mal ein Jahr an einer solchen Schule arbeiten? Die meisten von uns sind immer wieder schockiert darüber, wie wenig die Schüler können. Manchmal ist es aber auch umgekehrt: Man ist verblüfft über manche Fähigkeiten. Dabei sollte man sich weder schockieren noch verblüffen lassen. Man sollte einfach wissen, was auf einen zukommen kann. Und dieses Wissen sollte man sich aneignen.

Und es sollte nicht bloß um *Fachwissen* gehen, sondern auch um das *soziale Wissen*. Wie funktioniert die Gesellschaft im 21. Jahrhundert eigentlich? Warum soll in Hamburg ein Lehrer, der in einer Schule in Blankenese unterrichtet, nicht mal ein Jahr nach St. Pauli gehen? Und umgekehrt? Wenn die Lehrer, die an meiner Ausbildungsschule tätig gewesen waren, einfach mal ein Jahr an einer Schule in einem schwierigeren Vorort hätten unterrichten müssen, hätten sie anschließend nie wieder gejammert und das hätte sich mit Sicherheit positiv auf das Klima im Lehrerzimmer und damit auf das gesamte Schulklima ausgewirkt. In diesem Fall hätte ein Lehrertausch einer

Lehrkraft, die an meiner Ausbildungsschule gelandet wäre, ein Jahr Ferien beschert. Auch das wäre in jeder Hinsicht vertretbar. Schließlich verdient jeder Lehrer dasselbe. (Zum Thema, in welchen Fällen das nicht so ist, komme ich noch.) Und wie belastbar der Lehrerberuf wirklich ist, hängt fast immer von der Schule ab, an der man gelandet ist.

Was ich mir übrigens schon oft anhören musste, war Folgendes: »In Berlin hast du gelebt? Und Lehrer warst du da? Das muss ja die Hölle gewesen sein.«

Das ist alles Blödsinn. Und dieser Blödsinn wurde in der Sarrazindebatte unnötig befeuert. Einige meiner spannendsten Stunden und schönsten Momente in meinem Lehrerleben erlebte ich in Klassen mit hoher Migrantendichte. (Mehr dazu in Teil VII: *Traumstunden*.) Aber keine Sorge: Wenn man von einem Lehrer, der in einer bayerischen Kleinstadt unterrichtet, verlangen würde, ein Jahr lang in Neukölln zu arbeiten, dann wäre dies ja vergleichbar mit einem Auslandseinsatz der Bundeswehr, und auch wenn das diesem Lehrer gut täte, wäre das dann doch vielleicht zu viel verlangt. (Aber ermöglichen sollte der Staat solche Länderaustausche schon.) Es wäre schon viel erreicht, gäbe es örtlich begrenzte Austauschprogramme.

Der Erfahrungshorizont würde sich bei *jedem* Austausch enorm erweitern. Das leugnen vermutlich nicht mal die Skeptiker. Und es geht wirklich nicht um ein gigantisches Lehreraustauschchaos. Sondern es geht darum, dass jeder Lehrer in seinem Lehrerleben alle zehn oder zwölf Jahre ein einziges Jahr an einer anderen Schule unterrichtet. (Oder zurück an die Universität geht.) Ein Gymnasiallehrer, der an eine Grundschule geht, macht dann vermutlich Erfahrungen wie ein Abiturient, der ein freiwilliges soziales Jahr in der Altenpflege macht. Aber das sollte nicht der Grund sein, weshalb man über die Umsetzung eines solchen Projekts – und es wäre ein Projekt! – besser gar nicht erst nachdenken sollte. Genau das sollte der Grund sein, ein solches Projekt umgehend in die Wege zu leiten!

Dieser Vorschlag sollte in einer Solidargemeinschaft, und eine solche entstehen und wachsen zu lassen, muss doch das wichtigste Ziel jeder Politik sein, übrigens von allen Berufsgruppen ernst genommen werden. Viele Politiker würden ganz andere Politik machen, wenn sie wüssten, worüber sie reden. Diejenigen, die für die Sozialpolitik verantwortlich sind, die kennen doch gar keine Sozialwohnungen. Diejenigen, die finden, dass Hartz IV-Abhängige dekadent sind, die haben sich noch nie mit einem unterhalten. Und diejenigen, die immer nur über die Manager und deren Gehälter lästern, die würden nach einer Woche zusammenbrechen, wenn sie solche Verantwortung tragen und solche Arbeitszeiten ertragen müssten. Und ganz dringend sollten Bildungspolitiker Schulpraktika machen. Sich einfach mal eine Woche vor Schulklassen stellen, Hausaufgaben einsammeln, Elterngespräche führen und in dieser Woche mindestens einen Satz Klassenarbeiten korrigieren. (Und alle, die Lehrer grundsätzlich faul finden, sollten das auch tun.) Diejenigen, die finden, dass die letztgenannten Beispiele nicht wirklich falsch sind, die werden vermutlich keine Einwände gegen meine Behauptung haben, dass ein Lehreraustauschprogramm bereichernd wäre.

Die Umsetzung dieser Idee würde aber leider an zwei Institutionen und einer Personengruppe scheitern: an den Schulbehörden, an den Gewerkschaften und leider auch an den Lehrern. Schade eigentlich. Ich bin überzeugt davon, dass alle – sowohl Lehrer als auch Schüler und damit die Schulen und die Länder sowie das ganze Land – etwas davon hätten. Übrigens wären fast alle Lehrer begeistert von einem solchen Austauschjahr. (Sie wissen es nur noch nicht.) Egal, an welcher Schule man zuvor unterrichtet hat, ist die eigene Schule ja meistens doch irgendwie eine Art zweites zu Hause. Und dass dies so ist, liegt nicht bloß daran, dass man für das Schulgebäude in der Regel viele Schlüssel hat. Sondern daran, dass man weiß, was einen erwartet. Man weiß, wem man sich anvertrauen kann. Jeder Lehrer käme nach einem solchen Jahr wieder *zurück* – mit vielen neuen Erfahrungen. Ich sehe die Nachteile eines solchen Austauschprogramms einfach nicht.

Last but not least: Als Krankenvertretung sitzt man, auch das wird niemanden überraschen, ständig in einem anderen Lehrerzimmer herum. »Eine Sitzordnung gibt es nicht!« So wird man in der Regel begrüßt. Nur: Das stimmt nicht. In den ersten Lehrerzimmern lautete der Satz, der dieser Begrüßung folgte, stets: »Oh, da können Sie sich nicht hinsetzen, da sitzt Herr Meier!«

Irgendwann hatte ich ein Gespür dafür entwickelt, wo ich mich gefahrlos hinsetzen konnte. An meiner jetzigen Schule hat das Gespür dazu geführt, dass ich zwei Jahre lang alleine an einem Tisch saß. Aber das hat mich erstaunlicherweise nie gestört, denn Bestandteil des Lebens einer Krankenvertretung ist nun mal, dass man sich irgendwann einer Tatsache bewusst wird: Freundschaften enden mit Vertragsablauf. Denn die gemeinsame Arbeit war stets Grundlage der Freundschaft. Diejenigen, die das leugnen, waren noch nie Krankenvertretung. Und ein Kollege mit einem einhundertzehnprozentig sicheren Job versteht das sowieso nicht. Ich bin übrigens kein schweigender Emerit, der das Gespräch verweigert. Mein Spektrum an Themen, über das ich mich unterhalten kann, ist durchaus vielfältig. Dennoch habe ich nur noch zu einer einzigen Kollegin, mit der ich gemeinsam an einer der vielen Schulen als Vertretung unterrichtet habe, heute Kontakt.

Was am Anfang lästig war, hat mich schon an der dritten Schule köstlich amüsiert: Man bleibt oft der große Unbekannte. Manche halten einen für einen Referendar oder einen Studenten. In Wuppertal bin ich sechs Jahre nach dem Ende meines Referendariats noch gefragt worden, was ich denn nach dem Praktikum mache und wie es überhaupt so an der Uni sei. An meiner jetzigen Schule begleitete ich einen Schüler zum stellvertretenden Direktor – es ging um eine Unterrichtsverschiebung – und der sagte zu *uns:* »Das müssen Sie mit Ihrem Lehrer besprechen.« Ich war zu diesem Zeitpunkt 38 Jahre alt und fühlte mich durchaus geschmeichelt.

Und gibt es eigentlich, egal wo man unterrichtet, *den* Lehrer? – Nein. Aber einige allgemeingültige Beobachtungen lassen sich schon machen. Die Lehrer an einem Berufskolleg (und wahrscheinlich auch an Berufsschulen) sind recht entspannt. Das schreibe ich nicht, weil ich gerade an einem Kolleg arbeite und Angst habe, nach Erscheinen dieses Buches gemobbt zu werden, sondern weil das so ist. Das liegt daran, dass es diejenigen, die sich für genial halten und die anderen alle für blöde, nicht gibt. Mit fachlichem Genie kann man eh nur selten punkten. Es ist schon ein Erfolg, wenn man in einem Kurs ein akzeptables Mindestniveau dauerhaft halten kann. Elitäres Schwadronieren? Am Berufskolleg Fehlanzeige.

Alle Lehrer müssen immer wieder die Schüler während der vielen Berufspraktika besuchen. Dadurch haben Lehrer an einem Berufskolleg viel Kontakt zu anderen Berufsgruppen. Allerdings arbeiten die einzelnen Abteilungen an einem Kolleg sehr unabhängig voneinander. Es gibt Lehrer, die kennt man auch nach Jahren nur vom Sehen. Das ist irgendwie unbefriedigend. Dergleichen ist am Gymnasium ausgeschlossen, weil irgendwann jeder Lehrer mit jedem zusammenarbeitet. Sobald man in derselben Klasse unterrichtet oder auch nur im selben Jahrgang, hat man auf Konferenzen etwas miteinander zu tun. Mit den Friseuren und Mechanikern an unserem Kolleg werde ich wiederum nie zusammenarbeiten. Es gibt einfach keine gemeinsame Schnittmenge.

Am Kolleg vermisse ich meine Berliner Französischkollegen, mit denen man über französische Literatur sprechen konnte, sehr. Man hat ja auch französische Literatur in der Oberstufe unterrichtet. Dass ich mich, sollte ich am Kolleg bleiben, nie mit einem Fachlehrer darüber werde austauschen können, ob es sinnvoller ist, Camus oder Sartre zu lesen, ist traurig. Am Kolleg kommt man auch in den besten Kursen über die Lektüre einfacher Zeitungsartikel nicht hinaus.

An einem Gymnasium, an dem es wegen des unproblematischen Einzugsgebiets eigentlich keine nennenswerten Probleme gibt, kann schon mal stundenlang darüber diskutiert werden, dass die Siebtklässlerinnen zu kurze Röcke tragen und *nuttig* aussehen. Wenn an einer solchen Schule Konferenzen erst um 15:30 Uhr stattfinden und nicht direkt nach der siebten Stunde, weil einige derjenigen Kollegen, die – Achtung, jetzt kommt ein Klischee – fußläufig zur Schule im Eigenheim wohnen und zu Hause mittagessen wollen und sich nicht entblöden, dies auch so zu sagen, dann entsteht eine Fraktion im Kollegium, die jeglichen Bezug zur Berufswelt, auf die wir die Schüler vorbereiten sollen, verloren haben. Und das merkt man auch. Ausgerechnet in diesen Kollegien wird noch mehr über das harte Lehrerleben gejammert als an anderen Schulen.

Aber natürlich gibt es auch große Gemeinsamkeiten in *allen* Kollegien: In jedem Kollegium sitzt eine stabile Minderheit, die jeden Tag jedem Kollegen, der es nicht wissen will, trotzdem erzählt, wie viel am zurückliegenden Wochenende wieder korrigiert worden ist und wie viel am kommenden Wochenende noch korrigiert werden muss. Mehr zu den Arbeitszeiten – übrigens das komplizierteste und sensibelste und daher schwierigste Thema überhaupt – im Verbeamtungsteil.

Bedauerlich ist, dass man in den Lehrerzimmern manchmal den Eindruck gewinnt, dass der intellektuelle Lehrer vom Aussterben bedroht zu sein scheint. Man begegnet einfach zu vielen Französischlehrern, die noch nie Houellebecq gelesen haben. Manche kennen ihn gar nicht. »Phillip Roth? Noch nie gehört!« Das sagte nicht der Sport-, sondern der Englischlehrer. Ein anderer Englischlehrer erzählte, dass er Bücher nicht auf Englisch lese, weil das zu anstrengend sei. Und die Deutschlehrer? »Harry Potter habe ich verschlungen.« Harry Potter ist ja auch grandios. Aber wenn dieselben Deutschlehrer dann nichts anderes mit Ausnahme der Schullektüren gelesen haben, dann stimmt einen das schon traurig. (»Zaimoglu? Wo liegt das denn?« »Juli Zeh? Ist das nicht die, die *Crazy* geschrieben hat?«) Der Tenor ist oft: »Zum Lesen habe ich keine Zeit.« Man wundert sich, dass Zeit für *Tatort*, Günther Jauch oder Stefan Raab en masse vorhanden zu sein scheint.

»Vom Aussterben bedroht« heißt aber auch, dass es zum Glück noch überall Kollegen gibt, die lesen und ins Theater gehen oder bestimmte Ausstellungen besuchen. Im Referendariat gab es sogar eine kleine Jonathan-Franzen-Fraktion. Wir hatten alle *Die Korrekturen* gelesen. Sogar ein Englischlehrer war darunter. Ein anderer sagte, er lese lieber DeLillo.

In jedem Kollegium gibt es einen Kollegenstamm, der die Lehrergehälter unverschämt niedrig findet und der Meinung ist, dass man von einem A13-Gehalt nicht leben könne. (»Für A12 würde ich das nicht mehr machen.«) Das nervt. Und zwar gewaltig. Anstrengend wird es, wenn Lehrer, die mit Lehrern verheiratet sind (und es gibt viele Lehrerehepaare), denken, dass man *in der Wirtschaft* ja mit einem Jahresgehalt von sechzigtausend Euro oder wesentlich mehr einsteigt. Dieses Thema hat mich immer wieder derart aufgeregt, dass ich explizit auf dieses Thema im Kapitel *Was Lehrer verdienen (sollten)* eingehen werde. Allerdings hat mich ein Thema noch wesentlich mehr genervt: das Thema Verbeamtung und wie wichtig, toll und wunderbar sie ist.

Das Thema Verbeamtung ist in den Lehrerzimmern der Republik ein Thema, über das pausenlos gesprochen wird. Und es ist ein Thema, das mich irgendwann pausenlos genervt hat. Denn es hat mich überall eingeholt. Irgendwann war ich nicht mehr nur genervt, sondern wütend. Ich schrieb einen Antiverbeamtungstext. Es war ein Text, der sich gegen die Verbeamtung richten sollte, *nicht* gegen die Beamten. Dieser Text, den ich zunächst der GEW zur inhaltlichen Prüfung vorlegte, hat mir seitens der GEW solch scharfe Reaktionen eingebracht, dass ich ihn keiner Zeitung angeboten habe. Zum einen hatte ich Angst, dass ich anschließend aus dem Kollegium rausgemobbt werden könnte. Zum anderen war ich gerade in jener Zeit auf für mich schwer erträgliche Art und Weise inkonsequent. Denn als meine Direktorin mich nach einem erfolgreichen Bewerbungsgespräch ins Zimmer einlud, begrüßte sie mich mit den Worten: »Sie werden ja noch verbeamtet!« Sie legte mir die Ernennungsurkunde hin. (Ohne dass ich jemals gefragt worden wäre, ob ich mich überhaupt verbeamten lassen möchte.)

Ich saß meiner Direktorin gegenüber und tat das Gegenteil dessen, was ich für richtig hielt. Ich nahm die Ernennungsurkunde an. In dieser Situation fehlte mir der Mut. Oder dachte ich vielleicht doch daran, dass meine Verbeamtung drei Monate vor meinem vierzigsten Geburtstag (in Nordrhein-Westfalen ist das die Verbeamtungsdeadline) gewiss auch die Pointe meines Lehrerlebens ist?

Dann kamen irgendwann die ersten Überweisungen, die selbst auf einer halben Stelle spürbar höher waren als mein Angestelltenlohn. Da konnte ich einfach gar nicht anders: Ich freute mich. Auch deshalb dachte ich, dass ich mich daran gewöhnen würde, auf Nachfrage zu sagen: »Ja, ich bin verbeamtet!« Nur: Ich gewöhnte mich nicht daran. Und das hatte Folgen. (Näheres dazu im Kapitel *Entamtungsmaß-nahmen.*)

Teil V: Zwischen Himmel und Hölle: Die Verbeamtung

Es folgt der ungekürzte Artikel, den ich zum Thema *Verbeamtung* geschrieben und den ich der GEW vorab zur Kenntnis geschickt hatte.

Warum Lehrer nicht (auf Lebenszeit) verbeamtet werden sollten

Zugegeben: Als ich mich nach meiner fast achtjährigen Odyssee durch den bundesdeutschen Bildungsföderalismus – ich habe seit 2004 an sechs staatlichen Schulen in drei Bundesländern als Krankenvertretung mit befristeten Verträgen unterrichtet – auf eine feste Stelle beworben habe und genommen worden bin, habe ich mich gefreut. Denn obwohl ich mich mit dem Status als befristeter Angestellter längst angefreundet hatte, zehrten vor allem die Zeiten, in denen ich nichts hatte, an den Nerven. Und: Ich bin von der Schule eingestellt worden, an der ich abgesehen von einer dreiwöchigen Zwangspause, in der kein Vertrag vorlag, schon zwei Jahre als Krankenvertretung beschäftigt gewesen und zum Teil des Kollegiums geworden war.

Als ich das Zimmer der Direktorin, die diese Stelle geschaffen hatte und der ich dafür den Rest meines Lebens dankbar sein werde, betrat, um den Vertrag zu unterschreiben, ereignete sich jedoch Erstaunliches: Ich wurde mit den Worten begrüßt, dass ich (drei Monate vor meinem vierzigsten Geburtstag) noch verbeamtet werde. Ich musste Verschiedenes unterschreiben, einen Eid ablesen und bekam, ohne jemals gefragt worden zu sein, ob ich überhaupt verbeamtet werden wolle, meine Ernennungsurkunde ausgehändigt.

Anschließend bin ich dann vor allem dafür zum Teil überschwänglich beglückwünscht worden. Von meiner Familie, die von Beamten schon fast durchsetzt ist, und vor allem von meinen Kollegen, die ich in den letzten Jahren liebgewonnen habe. Sie haben sich – sowohl meine Verwandtschaft als auch meine Kollegen – auf fast schon rührende Weise für mich gefreut. Und natürlich gibt es Gründe, sich über eine Verbeamtung zu freuen. Denn die Vorzüge einer Verbeamtung (auf Lebenszeit) sind offensichtlich und wirklich jeder Lehrer – egal ob verbeamtet oder *nur* angestellt – kann sie herunterbeten:

1. Man ist quasi unkündbar und hat damit einen einhundertzehnprozentig sicheren Job.

2. Man ist aufgrund der Beihilfe günstig privat krankenversichert, bekommt schneller einen Termin beim (Chef-)Arzt und genießt je nach Versicherungsabschluss weitere Vorteile.
3. Man bezahlt nicht in die Rentenkasse ein, verdient vor allem auch dadurch mehr als angestellte Lehrer und erhält später trotzdem eine höhere Altersversorgung.

Zu 3.) ist anzumerken: Dass dies so ist, ist ein Skandal und mit Sicherheit der Hauptgrund für den Unmut vieler angestellter Lehrer – vor allem wenn in einem Kollegium verbeamtete und angestellte Lehrer an einem Tisch sitzen, also Staatsangestellte erster neben Staatsangestellten zweiter Klasse, wird die Situation auf hanebüchene Weise ungerecht.

Wenn man verbeamtete Lehrer fragt, warum sie eigentlich meinen, all diese Vorzüge im Gegensatz zu anderen Berufsgruppen genießen zu dürfen, dann wird als Hauptargument oft das im Vergleich zur Wirtschaft geringe Gehalt genannt. Die Jobsicherheit und die Pensionsgarantie (ohne in irgendeine Kasse einzahlen zu müssen) sei daher sozusagen wie ein Ausgleich für das vermeintlich magere Gehalt. Richtig ist: In der Wirtschaft verdient man als Akademiker zum Teil, allerdings keineswegs immer, mehr. Aber: Auch als Lehrer verdient man nicht wenig, sondern so viel, dass es zum Hausbau, zum PKW-Besitz *und* zu drei Urlaubsreisen im Jahr reicht. Übrigens sagt niemand – wirklich *niemand* – dass er es richtig finde, dass er verbeamtet worden sei, weil er durch seine Arbeit sein Treueverhältnis zum Dienstherrn (dem Staat bzw. dem Land) nachweise und weil er durch die Lehrertätigkeit hoheitsrechtliche Aufgaben wahrnehme. Genau dies sind aber die Gründe, weshalb man verbeamtet wird. Diese Gründe interessieren nur niemanden mehr. Und wenn die Dienstherren – der Bund oder die Länder – denken, es sei anders, dann sind diese Dienstherrn schlichtweg naiv.

Aber wie kommt eigentlich jemand dazu, der mit fast vierzig Jahren noch verbeamtet worden ist, sich nicht explizit darüber zu freuen (was ich unmittelbar nach meinem Referendariat vielleicht getan hätte)? Weshalb macht er keinen Luftsprung, obwohl er doch am eigenen Leib fast acht Jahre lang erfahren hat, was es bedeutet, nicht verbeamtet zu sein? Was es bedeutet, in einem befristeten Arbeitsverhältnis zu sein? Was es bedeutet, zwischendurch arbeitslos zu sein? Was es bedeutet, immer wieder auf ein neues Stellenangebot zu warten?

Vielleicht liegt es ja genau an diesen Erfahrungen. In, Referendariat inklusive, acht Lehrerzimmern, in denen ich mich zwischen drei Monaten und zwei Jahren aufgehalten habe, ist überall über die Verbeamtung diskutiert worden. Vor allem darüber, wie wichtig sie ist. In Berlin bin ich fast schon überfällartig in eine Ecke gezerrt worden, bevor ich mich überhaupt vorstellen konnte. Ob ich mitmache bei der Aktion Verbeamtung jetzt! (Ich verstehe nicht die Gier nach der Verbeamtung, aber die Wut der Berliner Lehrer auf die aus der Nichtverbeamtung resultierenden Ungerechtigkeiten, die verstehe ich. Zu einhundertzehn Prozent.) Und in Nordrhein-Westfalen wurde ich mit dem Schlachtruf »Du bist 38!? Dann kannst du ja noch verbeamtet werden!« begrüßt. Seitdem bin ich mit nervtötender Regelmäßigkeit danach gefragt worden. Erst hieß es: Du schaffst das noch (obwohl ich nie den Wunsch geäußert habe). Dann hieß es: Schade, wahrscheinlich wirst du ja nicht mehr verbeamtet werden (obwohl ich es nie bedauert habe). Jetzt heißt es: Toll, dass du es noch geschafft hast (obwohl ich genauso glücklich gewesen wäre, wäre ich *nur* angestellt worden).

Ich halte das System Verbeamtung noch immer für diskussionswürdig. Und ich kann mich nur darüber wundern, dass ich der Einzige zu sein scheine. Ich wundere mich, weil es einleuchtende Argumente gibt; einleuchtende Argumente, die nie Gegenstand der Diskussion sind; einleuchtende Argumente, die vor allem gegen eine zu frühe Verbeamtung und auch gegen eine Verbeamtung auf Lebenszeit sprechen:

– Wir bereiten Schüler nicht unbedingt auf die globalisierte Welt, aber mindestens auf den nationalen Arbeitsmarkt vor. Die wenigsten von uns Lehrern wissen, was das bedeutet. Der Lehrer, der mit dreißig seine Verbeamtungsurkunde auf Lebenszeit überreicht bekommt (man möge sich das mal auf der Zunge zergehen lassen: *auf Lebenszeit*), der kann didaktisch großartig und methodisch überragend sein (und damit zwanzigmal besser als ich mit meinen höchstens soliden Fähigkeiten), aber eine Sache weiß er nicht: Was ist eine Befristung? Wie fühlt sich vorübergehende Arbeitslosigkeit an? Was bedeutet es, *nur* angestellt zu sein? Was ist das eigentlich, Kündigungsschutz? Was sind Arbeitnehmerrechte? All dies zu wissen – bestenfalls aus eigener Erfahrung – ist in der heutigen Welt wichtig.

– Man bleibt ja oft auf Lebenszeit an der Schule, an der man auf Lebenszeit verbeamtet worden ist. Wäre es nicht viel richtiger, junge Lehrer nach dem Referendariat erst einmal befristet einzustellen und ihnen selbst die Möglichkeit zu geben, sich noch einmal umzuorientieren? Fast die Hälfte aller Neuanstellungen findet momentan auf Grundlage von Befristungen statt. Oft werden aus diesen Befristungen dann dauerhafte Anstellungen. Für Lehrer wäre das durchaus ein Modell: erst die Befristung, dann die Probezeit, dann – und zwar wirklich erst nach dieser Bewährung im Dschungel der Arbeitswelt – als Belohnung die Verbeamtung. Man sollte nicht bis vierzig, sondern, wenn überhaupt, ab vierzig verbeamtet werden. (Wenn der Kandidat, der zuvor gefragt werden sollte, möchte.)

– Natürlich gibt es aber auch Gründe, eine Verbeamtung aus politischen Gründen abzulehnen. Es wird einem durch die vielen Vorzüge (s. o.) nur fast unmöglich gemacht. Vor allem wenn man eine Familie und Verantwortung für Kinder hat, wäre es ja schon fast verantwortungslos, die Verbeamtung abzulehnen.

Aber auch wenn viele Lehrer es nicht wahrhaben wollen: Die Meinungsfreiheit – immerhin ein vom Grundgesetz garantiertes Grundrecht (!), dessen Unantastbarkeit im § 19.2 des Grundgesetzes geschützt wird – ist für Beamte definitiv eingeschränkt: Das Bundesverfassungsgericht hat in einem Urteil vom 26.09.2001 (AZ: 2 BvR 496/00) entschieden, dass die Treuepflicht der Beamten (Art. 33 GG) über der allgemeinen Meinungsfreiheit steht. (»Jedes Verhalten, dass als politische Meinungsäußerung gewertet werden kann, ist nur dann verfassungsrechtlich durch Art. 5 GG gedeckt, wenn es nicht unvereinbar ist mit der in Art. 33 GG geforderten politischen Treuepflicht der Beamten.«)

– Bekannt ist, dass Beamte nicht streiken und damit ein ebenfalls vom Grundgesetz garantiertes Grundrecht nicht wahrnehmen dürfen. Inzwischen machen einige Landesverfassungen Ausnahmen, zum Beispiel die hessische, aber noch immer herrscht länderübergreifender Konsens, dass Beamte nicht zu streiken haben. Schon wieder berauben sich die Lehrer – und sie wollen sich unbedingt berauben lassen – eines Grundrechts. Selbst von Lehrern, die erzählen, Sie seien ja Altachtundsechziger, wird dieser Umstand nicht mal kritisch hinterfragt: Hauptsache verbeamtet! Fast schon lächerlich ist vor diesem Hintergrund das Dauerleid über die niedrige Beamtenbesoldung, wenn man sich zuvor mit großem Hurra der Möglichkeit, gegen diesen vermeintlichen Missstand durch einen Streik zu erwehren, höchst freiwillig und liebend gern beraubt hat.

– Ob man verbeamtet oder nur angestellt wird, hängt auch vom Ergebnis des untersuchenden Arztes im örtlichen Gesundheitsamt ab. Korpulentere Kollegen … bei denen kann es vorkommen, dass es etwas am Bodymaßindex (der BMI sollte nach Möglichkeit nicht über 25 liegen; Gewicht in kg dividiert durch Körperlänge in m zum Quadrat = kg/m²) auszusetzen gibt. Sie nehmen – Einzelfälle sind mir bekannt – ein demütigendes und diskriminierendes Abspeckjahr in Kauf. Denn Hauptsache: verbeamtet!

– Lehrer sind – und das ist das Wunderbare an diesem Berufsstand – vor allem Menschen. Sie kopieren sehr viel aus Büchern, sie benutzen die Schulkopierer gern mal dafür, um ein Privatdokument mitzukopieren, sie brennen hin und wieder eine DVD und CDs sowieso und Champions-League gucken die Fußballinteressierten auf illegalen Internetseiten. Das ist alles nicht schön, aber auch nicht schlimm, denn es ist gut, wenn Schüler von Menschen und nicht von Beamtenmaschinen unterrichtet werden. Und sie werden auch von Menschen unterrichtet! Aber wenn das so ist, was soll dann eigentlich der Beamtenstatus, der uns ganz besonders per Eid dazu verpflichtet, vortreffliche Staatsbürger zu sein?

- Ganz wichtig: Die Verbeamtung darf auf keinen Fall der Grund sein, Lehrer zu werden. Lehrer kann ein harter Job sein. Nur diejenigen, die noch nie vor dreißig Schülern gestanden haben, von denen zwölf die Hausaufgaben vergessen haben, sich acht miteinander unterhalten und einer auf Toilette geht und nicht wiederkommt, wissen das nicht. Der Sinn der Verbeamtung ... vor allem der Verbeamtung auf Lebenszeit und der damit einhergehenden einhundertzehnprozentigen Jobgarantie ist ... fraglich. Allein, weil jeder Mensch in seinem Beruf mit dreißig Jahren hervorragend, aber schon mit vierzig lustlos sein und mit fünfzig Schaden anrichten kann – und Lehrer richten diesen Schaden bei Heranwachsenden an – , sollte sowieso niemand was auch immer garantiert auf Lebenszeit sein dürfen.

Was ich tun werde, sollte mir nach meiner Probezeit, die ich mit diesem Text ja vielleicht schon verwirkt habe, die Ernennungsurkunde auf Lebenszeit überreicht werden, weiß ich nicht. Ich werde dann 43[19] sein und noch 24 (und nicht vierzig) Berufsjahre vor mir haben.

Aber ich werde auch mit 43 vermutlich noch immer nicht überzeugt sein, dass die Verbeamtung, wie sie aktuell in den meisten Bundesländern vollzogen wird, richtig ist.

Nun, 99 % aller Kolleginnen und Kollegen werden anderer Ansicht sein. Aber diese 99 % und ich, wir werden uns vielleicht ja in einem Punkt einig sein: Egal, ob verbeamtet oder angestellt, es sollte nie vergessen werden, dass der Lehrerberuf ein Beruf mit Tiefen, aber vor allem mit vielen Höhen und daher ein wunderbarer Beruf sein kann.

Was erwartete ich von der Gewerkschaft? Ich dachte nicht, dass sich die dort beschäftigten Damen und Herren unbedingt freuen würden. Aber würden sie mich vielleicht doch ermuntern? Schließlich geht es ja vor allem auch darum, Missstände innerhalb eines Systems zu benennen. Vor allem hoffte ich, dass die GEW mir, sollten mir bei meiner Recherche Fehler unterlaufen sein, diese benennen könnte. Ich bekam drei Reaktionen. Alle drei waren ablehnend. Später entartete der Mailwechsel aus mir bis heute vollkommen schleierhaften Gründen. Ich erinnere mich nicht daran, jemals mit erwachsenen Personen auf derartigem Niveau immer wieder aneinander vorbeigeredet zu haben. Loriot, wenn er noch lebte, könnte daraus einen wunderbaren Sketch

---

19 Später habe ich erfahren: Wegen meiner Berufserfahrung wird meine Probezeit auf ein Jahr verkürzt.

machen. Ein GEW-Mitglied verbot mir, es zu zitieren, was ich auch nicht tun werde. (Warum ich es nicht tun darf, weiß ich allerdings noch immer nicht.) Ein Mitglied aus der Rechtsschutzabteilung schrieb in nüchternem, nie unhöflichem Ton Folgendes:
- die Begriffe *Skandal* und *naiv* könnten gegen das beamtenrechtliche Mäßigungsgebot verstoßen
- problematisch sei, dass ich pauschal darauf hingewiesen hätte, dass Lehrer Schulkopierer zu privaten Zwecken benutzten
- es könne nicht die Aufgabe der GEW sein, unsichere Beschäftigungsverhältnisse in Form von Befristungen einzuführen
- der europäische Gerichtshof spreche beim Streikrecht eine andere Sprache

Eine GEW-Expertin für Beamtenrecht schrieb:
- auf die vielen sachlichen Fehler werde gar nicht erst eingegangen
- die Behauptung, dass man sich nicht gegen eine Verbeamtung habe wehren können, sei unzutreffend[20]
- sich freiwillig verbeamten zu lassen und dann über sich und andere zu urteilen (Beamtenmaschinen), sei nicht seriös

Ich bedankte mich beim Herrn aus der Rechtsschutzabteilung (meine letzten Worte in der Mail: »Noch mal: Danke für die klaren Worte!«) und in meiner Antwort an die Expertin betonte ich ausdrücklich, dass richtig sei, dass ich den Mut hätte aufbringen müssen, die Verbeamtung abzulehnen. Ich bat darum, mir die »sachlichen Fehler« zu benennen. Ich verwies darauf, dass es mir nicht darum gehe, gegen Beamte zu wettern, sondern ausschließlich gegen die Verbeamtung Stellung zu beziehen. Bis heute sind mir die »sachlichen Fehler« nicht genannt worden. Schade eigentlich.

Da die GEW nicht mit mir konstruktiv diskutieren wollte, diskutierte ich mit meiner Frau. Sie sagte irgendwann, dass der Staat seinen Beamten eben einige Dinge schenke (die Pension, Zuschüsse zur Krankenversicherung, die Jobgarantie), und dass man diese Geschenke nicht aus Prinzip ablehnen solle. Außerdem hätte ausgerechnet ich

---

20 Das ist richtig. Ich habe es auch zu keinem Zeitpunkt behauptet. Auch in meinem Anschreiben stand: »Nun bin ich ja, ohne gefragt zu werden, verbeamtet worden.« Aus diesem Satz bzw. aus dem Text die Behauptung herzuleiten, ich sei der Meinung, ich hätte mich »nicht wehren« können, ist sehr frei interpretiert.

durch die ganzen Befristungen, die von Phasen absoluter Arbeitslosigkeit unterbrochen gewesen seien, lange genug Nachteile in Kauf nehmen müssen. Sowohl über die Argumente meiner Frau als auch über die wenigen verwertbaren Denkanstöße der GEW musste ich einige Wochen lang nachdenken.

Und siehe da: ein paar Kratzer hat meine Meinung sogar bekommen! Den abwertenden Begriff *Beamtenmaschinen* ziehe ich hiermit offiziell zurück. Ich bin umgeben von verbeamteten Lehrern, die sich nicht zu schade sind, um elf Uhr abends mit einer besorgten Mutter zu diskutieren oder einfach mal eine Fahrt nach Auschwitz zu organisieren.[21] *Faule Säcke* gibt es in jedem Beruf. Und natürlich können angestellte Lehrer, die übrigens auch einen verdammt sicheren Job haben, auch faul sein.

Selbstverständlich brennen viele Lehrer weder DVDs noch CDs noch haben sie jemals die Kopierer heimlich für private Zwecke genutzt. Selbstverständlich sind viele Lehrer das, was der Beamtenstatus von ihnen verlangt: vortreffliche Staatsbürger!

Vor allem an einem Punkt möchte und muss ich mich aber unbedingt korrigieren: Wenn der Partner aus welchen Gründen auch immer keinen finanziellen Beitrag leisten kann, um für das Wohl der drei gemeinsamen Kinder aufzukommen oder wenn man gar alleinerziehend ist, dann ist die Verbeamtung mit Sicherheit ein Segen. Und dann ist man vielleicht sogar wirklich verantwortungslos, wenn man nicht alles Menschenmögliche tut – Abspeckjahr inklusive – , um die eigene Verbeamtung durchzusetzen und damit seiner Familie ein Gefühl von Sicherheit zu geben (und mehr Geld zu haben). An dieser Stelle habe ich zu sehr aus meiner Perspektive argumentiert. Das war arrogant. Das war falsch. Das Streben nach der Verbeamtung hat in solchen Fällen nichts mit Gier, sondern ausschließlich etwas mit Vernunft zu tun.

Aber manchmal nimmt das Streben dennoch besorgniserregende Formen an. Man hat dann eben doch den Eindruck, einige Kollegen

---

21 Übrigens sind Klassenfahrten keineswegs vergleichbar mit Kongressen. Wenn jemand, der in der Wirtschaft beschäftigt ist, an einem mehrtägigen Kongress teilnimmt, dann wird er in der Regel in einem Viersternehotel untergebracht. Und nicht in einer Jugendherberge. Und spätestens, wenn man ins Bett geht, ist der Arbeitstag definitiv *vorbei*. Für einen Lehrer beginnt in diesem Moment manchmal erst die heiße Phase. Denn wenn ein Achtklässler eine Alkoholvergiftung hat, dann steht der Lehrer mit einem Bein im Gefängnis.

haben so viel über ihre Verbeamtung nachgedacht, dass sie sich gefährlich dem Zustand geistiger Verwirrtheit genähert haben. Ich komme nicht drum herum, folgende Geschichte zu erzählen: Als ich in Berlin von einem Verbeamtung-Jetzt-Kollegen beglückwünscht worden bin, dass ich das Bundesland wechsele, sagte ich: »Ich wechsele nicht das Bundesland, weil ich hier nicht verbeamtet werde, sondern weil meine Frau in Nordrhein-Westfalen eine bessere Perspektive hat!« – »Trotzdem richtig! Bloß weg aus Berlin!«

Ich stutzte. Dann fragte ich den vergleichsweise jungen Kollegen: »Welche Fächer hast du denn eigentlich?«

»Mathe und Musik.«

»Mathe und Musik? Warum wechselst *du* denn nicht? Mit dieser Kombination kannst du dir doch in jedem Bundesland eine Schule aussuchen.«

Zunächst schwieg der Kollege. Ich befürchtete schon, er würde mir des Rätsels Lösung – und für mich war sein Verbleib im so leidenschaftlich gehassten Berlin nichts anderes als ein Rätsel – vorenthalten. Doch dann sagte er: »Weil ich gebaut habe.«

Weiter im Text: Der Staat ist natürlich ein unglaublich unpersönlicher Arbeitgeber. Er spendiert einem keine Weihnachtsgans. Er klopft einem nicht persönlich auf die Schulter. Man bekommt auch keinen Bonus in dem Jahr, in dem man besonders viel geleistet hat. Aber der Staat übernimmt für seine Beamten die üblichen Sozialabgaben. Und ja, meinetwegen ist es vom Staat nett, seinen Beamten einen sicheren Job zu garantieren. Und daher ist meine ursprüngliche Idee, Lehrer erst mal befristet einzustellen, mit Sicherheit mehr als diskussionswürdig. Dass Lehrer sich erst im Dschungel der Arbeitswelt bewähren müssen, bevor sie unbefristet angestellt werden, ist bei näherer Betrachtung nicht nur diskussionswürdig, sondern eher streichwürdig. Schließlich kenne ich das ja selbst: Vor Auslauf der Befristung kreisen alle Gedanken um die berufliche Zukunft. Man beginnt in dieser Situation wieder, nach Stellen Ausschau zu halten. Man konzentriert sich nicht mehr auf das Wesentliche. Und das Wesentliche im Lehrerberuf sollte der Unterricht und nicht die Jobsuche sein.

Aber trotzdem: In Hinblick auf die grenzenlose Sicherheit des Arbeitsplatzes bleibe ich weiterhin ein vehementer Kritiker der Verbeamtung auf Lebenszeit. Einen Lehrer, der nichts mehr taugt, der nicht mehr kann, der sich ständig und immer wieder monatelang krankschreiben lässt, brauchen die Schüler nicht. Und die Kollegen auch nicht. Und allein aus diesem Grund ist diese lebenslange Jobgarantie einfach falsch. An dieser Stelle komme ich nicht umhin, doch das eine oder andere Vorurteil zu bedienen. Aber es ist wirklich so: neun von zehn verbeamteten Kollegen halten ausschließlich die Verbeamtung für ein sicheres Arbeitsverhältnis. Sicherheit. Sicherheit. Sicherheit. Immer wieder hört man: »Als angestellter Lehrer kannst du ja entlassen werden.« Die meisten Lehrer haben das Wort Kündigungsschutz noch nie gehört. Ist wirklich so. Gebetsmühlenartig wird daher wiederholt, dass die Verbeamtung wegen der Sicherheit ein Segen sei. Dass diese Art der von oben verordneten Sicherheit eine Art Zwangssicherheit ist, wird dabei vergessen. Als ich neulich erfuhr, dass eine Kollegin beabsichtigt, nach Hamburg zu ziehen, empfahl ich ihr sofort die private Abendschule, an der ich zwei Jahre lang angestellt (!) war. Ich begann von dieser Schule zu schwärmen und betonte, dass sie gute Chancen habe, schließlich sei sie ja Biolehrerin, und Bio sei am dortigen Abendgymnasium Leistungskurs, und … Doch sie unterbrach mich und sah mich ein wenig ratlos an. Dann sagte sie: »Du Arne, ich bin verbeamtet. Da kann ich doch nicht an eine Privatschule gehen.«

Pech gehabt.

Genau das ist das Problem. Je länger man die Vorzüge der Verbeamtung genießt, desto schwieriger wird es, um Entlassung zu bitten. Der Mensch ist ja ein Gewohnheitstier. Plötzlich, nach zehn Jahren, wieder Sozialbeiträge bezahlen wie alle anderen Menschen auch? Bloß nicht. Die hundertzehnprozentige Sicherheit umwandeln in eine bloß fünfundneunzigprozentige Sicherheit? Das geht gar nicht. Man entscheidet sich oft mit dreißig Jahren für beruflichen Stillstand. Aber wer weiß schon, ob er nach zwanzig Jahren Lehrerdasein nicht doch plötzlich Lust auf einen beruflichen Neuanfang bekommt? Noch einmal durchstarten im Leben? Kann sich ein Dreißigjähriger seiner Sache wirklich so sicher sein, dass man ihn mit einer Lebenszeiturkunde binden sollte? Und es ist eine Bindung, mehr noch: Es ist eine Fessel! (Mehr dazu im Kapitel *Entamtungsmaßnahmen*.) Sich auf eine Stellenausschreibung bewerben, weil man schon als Student davon geträumt hat, in einem Kinderbuchverlag zu arbeiten? Auf keinen Fall – das könnte ja risikoreich sein. Als Kunstlehrerin mit zwei Freundinnen eine Galerie eröffnen und noch ein Mal ein großes Wagnis eingehen, sich dafür aber einen Traum erfüllen? Nein, Selbstständigkeit nach der Verbeamtung … alle Mitmenschen würden einen ja für einen solchen Schritt am liebsten sofort in die Psychiatrie einweisen.

Die Verbeamtung auf Lebenszeit wird allzu oft als eine besondere Form der Unabhängigkeit und Freiheit verstanden. Denn der Job ist ja sicher. Also kann man sich anderen Dingen widmen. Kredite sind auch besonders günstig, und so kommt eins zum anderen. Die Verbeamtung ist letztendlich wie der berufliche Hausbau. Nur: Wer ein Haus gebaut hat, der zieht selbst dann nicht weg, wenn in unmittelbarer Nähe ein Flughafen gebaut wird oder ein Bordell eröffnet. Wer an seiner Schule aus welchen Gründen auch immer unglücklich ist, der erlebt dasselbe. Egal wie entsetzlich der neue Direktor ist, egal wie furchterregend die neue Ausrichtung der Schule ist, man bleibt. Man müsste ja auch einen Versetzungsantrag stellen, und wer weiß, wo man dann hinkommt. Einfach wegbewerben geht nicht.

Es ist nicht besonders schwer, in der Verbeamtung genau das Gegenteil dessen zu verstehen, was man unter Freiheit versteht. Neulich unterhielt ich mich mit einer Kollegin, die nicht verbeamtet worden ist. Sie ist im Gegensatz zu mir erst kurz nach ihrer Einstellung vierzig geworden. Aber sie stört das nicht. Sie hat vorher woanders gearbeitet. (Sie sagte übrigens: »In der Wirtschaft.«) Und sie möchte sich die Option gehen zu können aufrechterhalten. Man hört es selten, dass Lehrer so denken. Aber es ist wirklich so: Die Verbeamtung ist eine berufliche Einbahnstraße.

Ach ja: Altersarmut ist ja ein großes Thema in den Medien. Wie hoch wird die Rente derjenigen sein, die fleißig einzahlen? Am Ende vielleicht nur noch 43 % des Einkommens. Aber nur dann, wenn man auch wirklich 35 Jahre gearbeitet hat. Der Staat müsste in diesem Fall Zuschüsse zahlen, um den vielen Geringverdienern vor dem Schicksal des würdelosen Alterns zu bewahren. Und selbst wenn man nicht zu den absoluten Geringverdienern gehören sollte, verlöre man einen Teil seiner Würde, wenn im Alter nur noch derart wenig bleiben sollte.

Eine Frage muss gestellt werden dürfen: Sollte Deutschland wenigstens so etwas Ähnliches wie eine Solidargemeinschaft sein? Sollte die Bekämpfung der Armut nicht eine gesamtgesellschaftliche Aufgabe sein? Sollte es also Boni in Millionenhöhe geben, während andere nicht genug Geld haben, um ihren Kindern neue Schuhe zu kaufen? Und: Sollten Staatsbeamte hohe Pensionen bekommen, obwohl sie im Gegensatz zu allen anderen nicht einen einzigen Cent in eine Pensionskasse eingezahlt haben? Gerade die Beamten, die einen Eid auf die Verfassung geleistet haben, denken überhaupt nicht darüber nach, was sie im Gegensatz zu all den anderen hinterhergeworfen bekommen. Vor allem im Alter. Wenn alle Beamten wenigstens fünf Prozent ihres Gehalts in eine Pensionskasse zahlen müssten, stünden sie noch wesentlich besser da als alle anderen und würden den Staat entlasten. Aber sie zahlen gar nichts. Und wenn man sie verpflichten würde, wenigstens einen kleinen Beitrag selbst zu übernehmen, wäre das Geschrei gewaltig. (Immerhin: Streiken dürften die meisten trotzdem nicht.) Neulich begegnete ich einem Lehrer, der gar nicht wusste, dass Angestellte ihre Rente selbst mitfinanzieren. (Und solche Dinge sind vielen Beamten unbekannt.) Aber dieser Lehrer war nicht doof, denn er sagte:»Na ja, also gerecht und vernünftig ist das ja nicht.«

Anderes Thema: Die Verbeamtung hängt ursächlich mit einer weiteren, dieses Mal besonders gemeinen Ungerechtigkeit zusammen. Mein fünftes Argument in meinem ursprünglichen Text würde ich inzwischen wohl wesentlich schärfer formulieren. Bei dieser besonders gemeinen Ungerechtigkeit handelt es sich in Wahrheit um eine besonders gemeine Diskriminierung, die der Staat doch eigentlich bekämpfen sollte. Diese Diskriminierung ist nicht nur staatlich toleriert, sie ist staatlich organisiert. Dass der Staat, der nach dem Gleichheitsgrundsatz handeln sollte, beklagt, dass in der Wirtschaft Frauen weniger verdienen als Männer und dass in den Vorständen mehr Männer sitzen als Frauen, dass ausgerechnet dieser Staat fette Menschen vom fetten Lohn ausschließt und damit diese Menschen schlicht und ergreifend auf fürchterlich demütigende Weise mobbt und bestraft, ist ekelhaft und durch nichts zu rechtfertigen. Wie sollen wir Lehrer denn darauf reagieren, wenn ein dickes Kind in einer Klasse gehänselt wird, wenn der Staat uns demonstriert, dass dicke Menschen im wahrsten Sinne des Wortes weniger wert sind? Dass der Staat dicke Lehrer, die sich in ihrer Haut ja vielleicht verdammt wohlfühlen und ein größeres Vorbild sind als Raucher und Autofanatiker und die vor allem genauso guten oder besseren Unterricht machen können wie ihre verbeamteten, schlanken Kollegen, wie Aussätzige, die man bestehlen kann, behandelt, ist vielleicht das traurigste Kapitel in der Geschichte des deutschen Beamtentums. Das Argument ist, dass die Folgekosten, die sich ja aus einer (wahrscheinlichen?) Frühpensionierung ergeben könnten, zu hoch seien. Deshalb wird man mit einem kaputten Knie oder einer kaputten Hüfte ebenfalls nicht verbeamtet. Nach der Logik sollten verbeamtete Lehrer jedes Jahr überprüft werden, wie viel Teer sich in ihrer Lunge abgelagert hat. Denn starkes Rauchen ist mit Sicherheit ein bedeutend höheres Gesundheitsrisiko als ein paar Kilo zu viel auf den Rippen.

Und es darf nicht sein, dass in irgendeinem Kollegium ein nicht verbeamteter, korpulenter Lehrer neben einem verbeamteten Lehrer mit exzellentem Bodymaßindex sitzt. Es darf nicht sein, dass der Lehrer, der seine Sache zwar ordentlich, aber vor allem auch nach Vorschrift und um jede Extraaufgabe einen Bogen macht, trotzdem viel mehr netto verdient. Wenn überhaupt müssten alle Lehrer – ausnahmslos – verbeamtet werden. Oder gar keiner.

Niemanden, der das Buch noch nicht frustriert oder wütend aus der Hand gelegt hat, wird es überraschen, dass ich auch wegen der Gehälter noch immer gegen die Verbeamtung bin: Die Gehälter werden durch die Verbeamtung auf einzigartige Weise zementiert. Ein dreißigjähriger Lehrer weiß im Jahr 2012 schon ziemlich genau, wie viel er im Jahr 2045 verdient. Egal ob er sich im Job zerreißt oder nicht.

Aber bevor ich mich im übernächsten Kapitel zu Lehrergehältern äußere, möchte ich an dieser Stelle andere Kollegen zu Wort kommen lassen. Es ist ja so, dass meine Meinung nicht unbedingt repräsentativ ist. Deshalb hatte ich Kolleginnen und Kollegen, die ich auf meiner Odyssee durch die Bundesländer kennengelernt habe, einfach mal gefragt, was sie denn über die Verbeamtung denken. Hier ist eine Auswahl ihrer Antworten:

> Meine Verbeamtung auf Lebenszeit war mir sehr wichtig und ich habe dafür sehr viel getan: Klar hilft man da oder dort, wenn der Direktor einen darum bittet, man will ja Engagement zeigen. Ich hatte z. B. einen leichten Bandscheibenvorfall, als ich noch nicht auf Lebenszeit verbeamtet war, und habe mich daher lieber mit Schmerzmitteln zugedröhnt als krank zu sein für eine längere Zeit.
>
> *Katrin, 31, verbeamtete Lehrerin in Baden-Württemberg*

> Am Tag meiner Lebenszeit-Verbeamtung jubelten meine Eltern, ich selbst habe die Verbeamtung als nahezu selbstverständlich hingenommen. Da meine Eltern beide ebenfalls verbeamtete Lehrer sind, kannte ich sowieso nichts anderes und dieser Schritt war kein Meilenstein für mich. Nachdem dann einige Freunde in den letzten Jahren arbeitslos bzw. arbeitssuchend geworden waren, wurde mir die Bedeutung der Verbeamtung bewusster und ich konnte den Jubel meiner Eltern verstehen. Dennoch sehe ich die Verbeamtung heute sehr skeptisch – was jedoch an meiner persönlichen Situation liegt: Seit mehreren Jahren möchte ich gern meine jetzige Schule […] verlassen und an eine andere Schule wechseln, mit der ich mich vollkommen identifizieren könnte. Der dortige Schulleiter hatte mehrfach signalisiert, dass er mich gern an seiner Schule hätte. Mein Schulleiter hat mir nun

mehrere Jahre hintereinander die Freigabe aus dienstlichen Gründen verwehrt. Anfragen beim Regierungspräsidium und verschiedenen Personalräten blieben erfolgslos – im Gegenteil: Für meine mehrfach geäußerte Bitte um Versetzung bin ich von diversen Entscheidungsträgern angegriffen worden (»unprofessionell, sich nur an eine bestimmte Schule versetzen lassen zu wollen«, »zynisch anderen Kollegen gegenüber, die wirkliche Probleme haben«, »dickköpfig und uneinsichtig«). Mein Schulleiter verweigert mir mittlerweile sogar die Freigabe für Fortbildungen, um mir meine Grenzen aufzuzeigen. Es hat sich in den letzten Monaten ein Abhängigkeitsgefühl entwickelt: Ich bin als Landesbeamter abhängig von der landesweiten Versorgungssituation, undurchsichtigen Ämterentscheidungen (die der Klüngelei Tür und Tor öffnen) und nicht zuletzt von den Launen und Vorlieben des eigenen Schulleiters. Erteilt dieser keine Freigabe, habe ich keine Chance die Schule zu wechseln.

Auch wenn die Gefahr bestünde, dass ich eines Tages meinen Job verlieren würde, könnte ich derzeit auf die Verbeamtung verzichten. Sie bietet viele Vorteile, birgt aber die Gefahr, dass ein Teil der Lehrer sich darauf ausruht und Dienst nach Vorschrift ableistet und ein anderer Teil – zu dem ich gehöre – in einem fatalen Abhängigkeitsverhältnis feststeckt und die Freude am Beruf verliert.

Volker, 33, verbeamteter Lehrer in Baden Württemberg

Die Verbeamtung halte ich für antiquiert und unangemessen. Es gibt keinen stichhaltigen Grund, warum Lehrer *Staatsdiener* sein müssen, zumal es ja seit etlichen Jahren schon angestellte LehrerInnen mit einem eigenen Tarifvertrag gibt. Es gibt zudem immer noch etliche Kolleginnen, die den Lehrerberuf gerade wegen der Verbeamtung angestrebt haben. [...]

Zwei Vorteile sehe ich in meinem Angestelltenstatus: Zum einen kann ich nicht wie ein Beamter vom Dienstherrn einfach an eine andere Dienststelle versetzt werden (z. B. wenn es immer weniger Schüler und zu viele Lehrer an einer Schule/ an einem Schulstandort gibt) – Beamtenrecht ist anders als der Angestelltentarifvertrag. Zum anderen habe ich die Freiheit, zu gehen und in einen anderen Job wechseln zu können, was als Beamter schwieriger ist.

Nelly, 54, angestellte Lehrerin in Nordrhein-Westfalen

Warum das jeweilige Bundesland einen Lehrer in einem Dienstverhältnis beschäftigen muss, welches die betreffende Person zu besonderer Loyalität verpflichtet, habe ich grundsätzlich noch nie verstanden. Ein Polizist übt u. a. das Gewaltmonopol des Staates aus – da versteht sich die Verbeamtung von allein. Aber Lehrer? Rational gibt es meines Erachtens keine Begründung dafür. [...]

Für mich persönlich ist der Beamtenstatus vordergründig eine enorme Sicherheit. Ich habe für eine Familie zu sorgen und ein Eigenheim abzuzahlen – welche Alpträume einen Familienvater plagen, der seinen Arbeitsplatz in Gefahr sieht, kann ich mir theoretisch gut ausmalen, praktisch hat das Thema keine Relevanz für mich. Insofern erst mal toll. Was mich wurmt, sind allerdings schon die Vorurteile, die unausgesprochen oder manchmal auch explizit in der Gesellschaft herumgeistern. Mein Arbeitsethos ist – wie das der meisten Kollegen – ganz gut entwickelt, danke der Nachfrage.

Ralf, 37, verbeamteter Lehrer in Schleswig-Holstein

Obwohl ich sehr an meinem Leben in Berlin, wo ich mein Referendariat gemacht habe, hing, war mir eines sehr bewusst: Ich wollte nach dieser langen und schweren Ausbildung keinen Hungerlohn für meine Arbeit erhalten. Noch wichtiger: Ich wollte, dass meine Arbeit geschätzt würde, dass man mich gern und aus gutem Grund einstellte. So bewarb ich mich in Nordrhein-Westfalen, wo ich im ersten Jahr *nur* eine Vertretungsstelle bekam. Ich muss zugeben, dass ich keine *Fürsprecherin* der Verbeamtung bin, obwohl ich ja ganz offensichtlich danach gestrebt habe, denn nun bin ich es. Ich sehe es nur einfach nicht ein, für viel weniger Geld die gleiche Arbeit zu leisten.

Anna, 37, verbeamtete Lehrerin in Nordrhein-Westfalen

Vom Ursprung her finde ich die Verbeamtung gut, da es deutlich macht, dass Bildung eine hoheitliche Aufgabe ist. Allerdings finde ich es nicht gut, dass viele Lehrer, die schlecht arbeiten (auf Kosten der Schüler und Kollegen), nicht so leicht in die Verwaltung etc. versetzt oder entlassen werden können. Das ist aber bei Festangestellten ähnlich schwierig.

Daniela, 40, verbeamtete Lehrerin in Schleswig-Holstein

Entamtungsmaßnahmen

Die GEW-Expertin für Beamtenrecht hatte natürlich vollkommen recht: Irgendwie hätte ich die Verbeamtungsgeschichte im Keim ersticken sollen. Ich hätte noch im Zimmer meiner Direktorin sagen müssen, dass ich eine Verbeamtung ablehne. Stattdessen hatte ich mir monatelang versucht einzureden, dass jemand wie ich ja vielleicht doch das Recht habe, seine Prinzipien aufzugeben. Jemand, der jahrelang angestellt und oft in den Sommerferien arbeitslos war.

Aber das war Blödsinn. Ich habe mir meine Feigheit schöngeredet. Mehr nicht. Ich hatte wohl tatsächlich tief in meinem Inneren gehofft, ich könnte mich daran gewöhnen, auf Nachfrage zu sagen: »Die Verbeamtung halte ich nicht für richtig, aber ich bin trotzdem verbeamtet.«

Aber würde ich für einen Autohersteller ein flammendes Plädoyer für den Ausbau der Autobahnen schreiben, weil sie mich gut bezahlen? Würde ich in die CSU eintreten und das Betreuungsgeld verteidigen, wenn sie mir dafür einen sicheren, hoch bezahlten Posten anböte? Nein.

Um Missverständnissen vorzubeugen: Weder ist ein Autohersteller noch ist die CSU an mich herangetreten, und sie werden es auch nie tun. Es geht ums Prinzip. Man sollte Dinge, die man aus Prinzip ablehnt, nur dann tun, wenn es gilt, ein Leben zu retten. Aber ich rette durch meinen Beamtenstatus kein Leben. Und ich bin bei näherer Betrachtung selbst dann nicht verantwortungslos, sollte meine Frau ihren Job verlieren. Denn auch als angestellter Lehrer hat man einen vergleichsweise sicheren Job und es ist ja nicht so, dass man plötzlich schlecht verdient. Eher verdient man weniger gut. Auf einer vollen Stelle kommt man in Nordrhein-Westfalen nach zehn Jahren im Beruf auf knapp fünfzigtausend Euro brutto Jahresgehalt. Die Rente ist niedriger als die Pension, und man zahlt in die Rentenkasse ein. Stimmt. Zum Leben hat man weniger. Aber es ist kein sozialer Selbstmord, wenn man die Verbeamtung ablehnt. Also sollte man es tun, wenn man nicht hinter dem System Verbeamtung steht. Und ich habe das System Verbeamtung auch nach den wenigen konstruktiven Denkanstößen der GEW und den Argumenten meiner Frau weiterhin abgelehnt. Mehr noch: Dadurch, dass ich gezwungen gewesen war, noch einmal über *alles* nachzudenken, haben sich bei mir viele ablehnende Argumente verschärft.

Wann war es bei mir aber soweit? Wann war der Moment, in dem ich dachte: Nein, ich will das einfach nicht, denn ich werde mich nie daran gewöhnen Teil eines Systems zu sein, das ich für falsch halte.

Vielleicht war es das Gespräch mit einem ehemaligen Kollegen aus Schleswig-Holstein, dessen (korpulente) Frau versuchen wollte, sich die Verbeamtung notfalls einzuklagen. Ich wunderte mich. Der Bekannte selbst war verbeamteter Lehrer. Da sie drei Kinder hatten, arbeitete einer halb und der andere voll. Anderthalb Lehrergehälter. Mit Kindergeld kommt man dann auf ungefähr fünftausend Euro im Monat. Netto. Was war ihr Problem? Mit ein paar hundert Euro weniger hat man immer noch viel Geld. Mehr als viele andere Paare. Ich fragte vorsichtig nach. Todernst wurde mir erklärt, dass alles genau durchgerechnet worden sei. Ohne die Doppelverbeamtung müssten sie ein kleineres Haus bauen.

Ja ja ja: Es tut mir leid, dass ich hier erneut eines der oft strapazierten Klischees erwähnen muss. Aber man hört es wirklich viel zu oft (und allein in diesem Buch taucht es nun schon zum wiederholten Mal auf): Bei der Verbeamtung geht es um den gesicherten Hausbau. Dabei ist die Verbeamtung ein hochgradig politischer Akt. Man wird vereidigt. Das heißt auch: Man *spricht* einen Eid auf die Verfassung! Und während man ihn spricht, denkt man mit großer Erleichterung daran, dass die Finanzierung des Eigenheims nun endlich gesichert ist. Mit Verlaub: Das ist doch alles verlogen. Dass ich und andere nicht so sind, half mir wenig. Ich ärgerte mich.

Wesentlich entscheidender war aber die Stunde, die ich mit einigen Kollegen auf einem Balkon verbracht habe. Es ging um die letzten *Revisionsstunden*. Es ging darum, was man der Direktorin beim ausbleibenden Besuch, der endgültig über die endgültige Verbeamtung entscheidet, zeigen wolle. Es ging um Showstunden. Es ging darum, nach dem Referendariat erneut Stunden zu zeigen, die nur entfernt etwas mit dem Unterrichtsalltag zu tun hatten. Ich äußerte mich dazu und kam irgendwie auf das Thema Lebenszeitverbeamtung. Derjenige, um den es ging, war einunddreißig. Seine Lebenszeitverbeamtung stand unmittelbar bevor. Ich sagte, dass ich das für vollkommen falsch halte, jemandem in so jungen Jahren eine solch absolute Jobgarantie zu geben. Alle schauten mich an. Niemand widersprach. Aber einer wollte wissen, ob ich selbst nicht auch verbeamtet sei und ob meine Probezeit nicht sogar verkürzt worden sei. Ja, sagte ich. (Was hätte ich auch anderes sagen sollen?) Die anderen zuckten die Achseln.

Die Klassenfahrt gab mir dann endgültig den Rest. Eine der begleitenden Kolleginnen war mindestens dreimal so engagiert wie ich. (Dabei hatte ich mich keineswegs faul auf mein Jugendherbergszimmer zurückgezogen.) Sie war mit beneidenswerter Leidenschaft dabei. Sie hatte uns zuvor schon geholfen, weil sie alle möglichen To-do-Listen angefertigt und für uns ausgedruckt hatte. Sie ist immer organisiert und immer hilfsbereit. Inzwischen ist sie mit anderen Kollegen für den Vertretungsplan zuständig. (Für alle, die es nicht wissen: Das kann viel Arbeit sein.) Diese junge Kollegin ist nicht verbeamtet worden. Denn sie hat ein paar Kilo zu viel auf den Rippen. Und sie kokettiert damit. Niemand würde ihr Probleme wegen ihres Übergewichts unterstellen. Aber sie wird immer schlechter bezahlt werden als das Gros ihrer Kollegen. Ich finde leider keine Worte dafür, wie falsch und ungerecht ich dieses System finde.

Nein, ich konnte nicht mehr. Also erkundigte ich mich vorsorglich bei den Krankenversicherungen, ob ein Wechsel überhaupt möglich sei. Ja, ein Wechsel ist noch möglich. Dann habe ich mich bei meiner Abteilungsleiterin gemeldet. So ein Fall sei ihr nicht bekannt, sagte sie. Ich müsste mich bei der Direktorin melden. Die Direktorin war erstaunlich entspannt. Sie wisse allerdings nicht, was man nun tun müsse, denn: So ein Fall sei ihr nicht bekannt. Aber ihr sei das egal und meine Gründe interessierten sie auch nicht, ich sei schließlich ein erwachsener Mensch, und im Übrigen seien ihr verbeamtete und angestellte Kollegen gleichermaßen lieb. Ich hätte am Telefon fast geheult. Vor Rührung. Aber auch vor Erleichterung darüber, dass sie keinen Wirbel machte. Sie wolle sich mit dem Sachbearbeiter, der für mich zuständig sei, in Verbindung setzen, und ich solle mich bei der Personalrätin melden. Das tat ich.

Die Dame vom Personalrat war sehr höflich. Und sehr verwirrt. Als sie begriffen hatte, was ich überhaupt wollte, fragte sie, ob ich wisse, dass es viele Lehrer gebe, die sich vor Gericht die Verbeamtung einklagen. Ja, sagte ich, das sei mir bekannt. Ob ich mir das gut überlegt hätte. Ich sagte: Ja. (Denn das hatte ich wirklich.) Es entstand eine Pause. Schließlich bat sie mich, ihr die Gründe zu nennen. Ich nannte sie ihr. Sieben Minuten lang sprach ich. Nur beim Bodymaßindex unterbrach sie mich. Das müsse man differenzierter betrachten. Bei korpulenteren Kollegen könnten schließlich eher Folgekosten durch eventuell krankheitsbedingte Frühpensionierungen entstehen. Aber das ändere nichts am grundsätzlichen Problem, dass diese Lehrer bei gleicher Leistung, ja selbst bei höherer Leistung, real einen deutlich niedrigeren Lohn hätten, sagte ich und sprach anschließend einfach weiter. Am Ende sagte sie, dass ich mir das ja alles wirklich gut überlegt zu haben scheine, nur wisse sie nicht, wie man nun verfahre, denn: Ein solcher Fall sei ihr nicht bekannt. Sie wolle sich aber erkundigen.

Es stellte sich heraus, dass ich, wenn ich im Schuldienst zu bleiben beabsichtige, darauf achten müsse, dass ich »um Umwandlung des Beamtenstatus' in ein Angestelltenverhältnis« und nicht »um Entlassung« bitte. Dies hatte der zuständige Sachbearbeiter auch der Direktorin gesagt.

Schließlich bekam ich eine Email meines Sachbearbeiters. Ich dachte, dass meinem Antrag stattgegeben worden sei. Ich war ja bereits zuvor lange als Angestellter beschäftigt gewesen, und darüber hinaus arbeiteten an meiner Schule viele angestellte Kollegen. In der

Mail stand allerdings, dass mein Vorhaben »weitreichende Folgen« habe und dass ich deshalb den Dienstweg über die Direktorin gehen müsse. Ich war in jeder Hinsicht ratlos. Dass angestellte Lehrer vor Gericht ziehen und sich die Verbeamtung einklagen, das wird toleriert. Nicht nur das: Solche Kollegen werden geradezu bewundert für ihre Konsequenz und ihren Kampfgeist. Das sind schließlich Kollegen, die sich nicht unterkriegen lassen … Jemanden wie mich behandelt man hingegen wie einen undankbaren Idioten, der in die Psychiatrie gehört. Das Absurde daran: Zum Zeitpunkt meiner Entamtungsmaßnahmen war Sylvia Löhrmann von den Grünen in Nordrhein-Westfalen für Bildung zuständig. In einem im Jahr 2007 in der Rheinischen Post veröffentlichen Artikel unter dem Titel *Verbeamtung – mehr als eine Frage der Kosten* findet man unter anderem folgenden Absatz: »Müssen Lehrer wirklich Beamte sein? Nein, sagt die Grünen-Politikerin Sylvia Löhrmann, die selbst Lehrerin ist. Die Auffassung, dass Lehrtätigkeit eine hoheitliche und damit vom Staat zu privilegierende Aufgabe ist, sei altes Denken.«[22]

Letztendlich müsste ich in den Augen *meiner* Bildungsministerin ja der Traumlehrer schlechthin sein. Ein Lehrer, der nicht verbeamtet werden will! Der ganz freiwillig um Entlassung bittet, weil er es ebenfalls für richtiger hält, dass Lehrer als Angestellte beschäftigt werden. Aber ich habe leider keine Medaille oder etwas Ähnliches bekommen. Im Gegenteil: Die Bezirksregierung in Düsseldorf hat keinen Hehl daraus gemacht, wie seltsam sie mein Anliegen findet.

Mein Sachbearbeiter erhielt auf offiziellem Dienstweg folgenden Brief von mir:

Sehr geehrter Herr …,
hiermit möchte ich Sie um Umwandlung meines Beamtenstatus' in ein Angestelltenverhältnis bitten.

Ich bin mir sehr bewusst darüber, dass dieser Wunsch ungewöhnlich ist.

Gern nenne ich Ihnen meine Gründe, die eng mit meiner Biografie zusammenhängen:

(Anmerkung: Es folgen in der Tat Gründe, die ausschließlich mit meiner Biografie und meinen vielen Ortswechseln zusammenhängen. Mich über den Bodymaßindex und die Verbeamtung auf Lebenszeit und die seltsamen Pensions-

---

22 http://www.rp-online.de/panorama/deutschland/verbeamtung-mehr-als-eine-frage-der-kosten-1.2035321

regeln zu streiten, hätte zu nichts geführt und die Angelegenheit unnötig verkompliziert.)

Sie müssen meine Gründe nicht verstehen. Aber ich bitte Sie darum, sie zu akzeptieren.

Ich wiederhole einen entscheidenden Punkt: <u>Ich möchte an meiner jetzigen Schule bleiben. Wenn es nicht anders geht auch als verbeamteter Lehrer. Sollte es aber möglich sein, mich dort in Zukunft als angestellten Kollegen zu beschäftigen, bitte ich Sie darum, mir dies zu ermöglichen.</u>

In der Hoffnung, Ihnen mit diesem ungewöhnlichen Anliegen nicht allzu viele Probleme bereitet zu haben, verbleibe ich mit freundlichen Grüßen,

Ihr Arne Ulbricht

Anschließend wartete ich. Würde meinem Antrag stattgegeben werden? Oder würde man sich, um sich Mehrarbeit zu sparen, auf den Passus in meinem Schreiben berufen, in dem ich betone, dass ich »auch als verbeamteter Lehrer« an meiner Schule bleiben möchte. Es stimmt schon: Ein so verbitterter Gegner, dass ich mich aus Prinzipientreue freiwillig in die Arbeitslosigkeit verabschiedet hätte, war ich nun auch wieder nicht. Fest steht: Ich bin lieber verbeamteter Lehrer als *gar kein* Lehrer. Vielleicht ist das inkonsequent. Ich weiß es nicht. Einen Monat nach meinem Antrag hatte ich meine zweite Verbeamtungslehrprobe gehalten (und mich in vollem Umfang bewährt), aber auf eine Entscheidung aus Düsseldorf wartete ich immer noch. Dann ging das Buch in den Druck.

Abschließen möchte ich mit dem Hinweis, dass die meisten meiner Kollegen verbeamtet sind. Sie sind aus Leidenschaft Lehrer und scheuen nie Mehrarbeit. Sie würden in einem anderen Leben nichts anderes werden wollen als Lehrer.

Und wenn diese Lehrer:
- die Verbeamtung auf Lebenszeit
- den Bodymaßindex
- die Pensionsregelungen vor dem Hintergrund zunehmender Altersarmut
- das Verbot (in den meisten Bundesländern) zu streiken
- die Einschränkung der Meinungsfreiheit
- den Zwang zur privaten Krankenversicherung
- die Abhängigkeit vom Dienstherrn, die es einem nicht ermöglicht, sich woanders zu bewerben

richtig finden, dann sollen sie verbeamtet bleiben und glücklich sein.

Ich finde alle genannten Punkte bedenklich wenn nicht gar vollkommen falsch. Deshalb habe ich versucht, die Verbeamtung rückgängig zu machen. Ob dieser Versuch erfolgreich war, wird sich zeigen.

Höchst kompliziert: Was Lehrer verdienen (sollten)

Ja ja ja. Die»in der Wirtschaft« bekommen sagenhafte Einstiegsgehälter und dürfen sich»aus einem Wagenpark einen Dienstwagen« aussuchen, während wir Lehrer am Hungertuch nagen und manchmal Probleme haben, unsere Familien zu ernähren …

Solchen Aussagen merkt man (leider) an, dass sich ein (oft verbeamteter) Lehrer zu einer Welt äußert, zu der er langsam aber sicher den Bezug verloren zu haben scheint. Denn diejenigen, die sich so äußern, die haben oft Englisch oder Deutsch oder Sport oder Erziehungswissenschaften (in Nordrhein-Westfalen ein Unterrichtsfach) oder Geschichte studiert. Und die meisten von ihnen haben es studiert, weil das genau die Fächer waren, in denen sie als Schüler gut waren. (Die meisten Lehrer haben zwar keineswegs ein schlechtes Abitur, aber einen Einserschnitt, der in Richtung 1,0 tendiert, auch nicht.) Wenn ich (Abischnitt 2,3) mit meinen Fächern nicht Lehrer geworden wäre, was wäre ich dann geworden? Hätte ich dann in der Wirtschaft gearbeitet? Ja, vielleicht. Zum Beispiel in einem Verlag als Lektor. Vielleicht verdient man ja in einem Publikumsverlag als Cheflektor mehr als ein Lehrer, aber in allen anderen Verlagen verdient man als Lektor mit Sicherheit nicht mehr als ein A13-Lehrer. Eine Bekannte arbeitet in einem großen Verlag als Lektoratsassistentin. Mit abgeschlossenem Lehramtsstudium. Ihr erster Kommentar, als ich sie fragte, wie es ihr gefalle:»Na ja, netto habe ich ein wenig mehr als die Hälfte eines Lehrergehalts.« Übersetzer? Übersetzer werden oft nur dann bezahlt, wenn sie einen Auftrag haben. Und wenn man nicht gerade Starübersetzer wie Harry Rowohlt oder Harry Potter-Übersetzer ist, dann kommt man als Übersetzer definitiv nicht an ein Lehrergehalt ran. Journalist? Vielleicht gäbe es da Möglichkeiten, wenn man im Studium Praktika gemacht hat. Aber ohne Volontariat in einer Zeitung wirst du nicht mehr als freier Journalist und träumst vermutlich jeden Tag davon, wie viel du als Lehrer hättest verdienen können. Eine Karriere als gut bezahlter Journalist beim SPIEGEL macht man jedenfalls nicht. Was denken die Lehrer eigentlich, auf was für Gehälter sie mit ihren Abschlüssen verzichten? Eine Hamburger A15-Kollegin sagte mal zu mir, die Pensionsleistungen des Staats seien ein Ausgleich für die hohen Gehälter, die in der Wirtschaft gezahlt würden und die uns Lehrern vorenthalten blieben. Hä? Wo in der Wirtschaft hätte sie mit ihren Fächern (Deutsch/Spanisch) denn arbeiten wollen, um auch nur in die Nähe eines A15-Gehalts zu kommen? Vielleicht, wenn sie in einem großen Konzern Workshops gegeben hätte. Darüber wird auch oft geredet: Was Hinz und Kunz für diesen oder jenen Workshop verdient haben. Und schon tappen die Lehrer in die Klischeefalle, und dort treffen sie dann auf all die anderen, die über faule Lehrer reden. Workshops finden oft am Wochenende statt. Und vielleicht auch mal zwei Monate gar nicht. Versteuern muss man den Kram auch. Und wenn irgendjemand mit einer besseren Idee kommt oder wenn der Konzern, für den man in der Regel die Workshops macht, diese Workshops plötzlich aus Sparzwängen nicht mehr anbietet, dann steht man da und hat plötzlich gar nichts mehr. Der Konkurrenzdruck – Lehrer wissen in der Regel gar nicht, was das ist – ist in dieser Branche gigantisch. Wenn es prächtig läuft, dann verdient man ja vielleicht auch mal ein paar Jahre lang prächtig. Und wenn nicht? Dann hangelt man sich verzweifelt von Auftrag zu Auftrag.

Aber wie sieht es woanders aus? Die Superverdiener unter den Ärzten, die Medizin mit einem meist hohen NC studiert haben, haben Spezialkliniken mit Patienten mit privater Krankenversicherung, verbeamtete Lehrer zum Beispiel, oder sind Klinikchef. Der normale Krankenhausarzt? Der verdient nicht mehr als ein Lehrer. Der Arzt mit seiner kleinen Praxis? Vielleicht, vielleicht aber auch nicht. Aber wehe ihm, in der Nachbarschaft macht eine ähnliche Praxis auf. Es gibt Stararchitekten mit sagenhaftem Einkommen. Aber der normale Architekt, der in einem kleinen Architektenbüro anheuert?

»In der Wirtschaft!«

Was ist das eigentlich, »in der Wirtschaft«? Die zahlreichen Berufe, bei denen man in Kleinstbetrieben in der Wirtschaft mit Glück ein Jahresgehalt von fünfunddreißigtausend Euro bekommt (was nicht wenig ist, aber eben auch nicht mehr als ein Lehrereinstiegsgehalt) und dann nur befristet eingestellt wird, weil der Betrieb ja eh von Insolvenz bedroht ist, können die Lehrer nicht meinen, wenn sie auf die vermeintlich astronomisch hohen Gehälter schielen. Und so blöde, dass sie glauben, dass jeder in der Wirtschaft jedes Jahr Millionenboni kassiert, sind sie auch nicht.

Also denken sie vermutlich wirklich an all diejenigen Akademiker, die in der Regel BWL, VWL oder Jura mit glänzendem Abschluss (inklusive zwei Auslandssemester an einer renommierten Universität in den USA) studiert haben oder an Wissenschaftler, die bereit waren, berufsbedingt mehrfach das Bundesland zu wechseln oder gleich ins Ausland zu gehen. Und dann denken sie ja vielleicht, wenn sie »in der Wirtschaft« sagen, daran, was man als leitender Angestellter bei Daimler, bei Siemens oder bei BASF verdient. Bei den Giganten, die weltweit vernetzt sind. Bei den DAX 30-Unternehmen, die Milliardenumsätze machen.

Wenn sie daran denken, also an Jobs »in der Wirtschaft«, für die sie etwas vollkommen anderes hätten studieren müssen – und mit einem Jurastudium wird man übrigens oft *nur* Rechtsanwalt und vertritt unter anderem Sozialhilfeempfänger –, dann stimmt es durchaus: Dort werden als Einstiegsgehalt schon mal sechzigtausend Euro gezahlt. Aber mit einem solchen Gehalt hat man netto auch nur ein bisschen mehr als ein Lehrer, der mit A13 einsteigt und ein Bruttojahreseinstiegsgehalt von knapp vierzigtausend Euro hat. Zwanzig Jahre später klafft dann zwischen den Gehältern oft eine große Lücke. Das ist richtig. Aber in diesen zwanzig Jahren haben »die in der Wirtschaft« vermutlich siebenmal um ihren Job gebangt oder wurden Opfer von Umstrukturierungen.

Bezogen auf den Lehrerberuf sähe eine Umstrukturierung folgendermaßen aus: Ein Berufskolleglehrer in Mettmann, der Gestaltung unterrichtet, soll zu Beginn des folgenden Monats an einer Grundschule in Bochum eine erste Grundschulklasse übernehmen. Und wenn er das nicht will: Dann versucht man ihn mit allen Mitteln loszuwerden. So etwas wäre für die meisten Lehrer die größte Horrorvorstellung überhaupt. Viele Lehrer hätten schon größte Probleme damit, sollten Sie ein Jahr lang testweise an einer anderen Schule arbeiten (s. o.).

Aber was verdienen Lehrer denn nun? Über dieses Thema könnte man ein komplettes Buch schreiben. Lehrergehälter werden nicht verhandelt. Deshalb kann man Lehrergehälter auch bequem googeln. Auch deshalb will ich niemanden mit Zahlen bombardieren, obwohl dies möglich wäre. Ein solches Buch zu schreiben, das wäre aber eher etwas für Herrn Sarrazin (zu dem ich auch noch komme), der Zahlen und Statistiken so gern mag. Natürlich müsste man in einem solchen Buch letztendlich für alle Bundesländer die Gehälter auflisten, sowohl die Beamten- als auch die Angestelltengehälter. Und dann gibt es ja auch Länder, in denen gar nicht mehr verbeamtet wird. Dort sitzen aber weiterhin die Kollegen, die irgendwann verbeamtet worden sind. Darüber hinaus gibt es Sonderzahlungen, die nicht einheitlich geregelt sind.

Fest steht: Ein verbeamteter, nach A13 besoldeter, vierzigjähriger Lehrer, verheiratet, zwei Kinder, hat auf derselben Steuerklasse fast überall auf einer vollen Stellen monatlich circa fünfhundert Euro netto (!) mehr als ein angestellter Lehrer – das entspricht aufs Berufsleben gerechnet dem Wert einer Eigentumswohnung mittlerer Größe, wenn sie nicht gerade in Hamburg-Eppendorf liegt. Insgesamt bekommt dieser verbeamtete Lehrer monatlich über dreitausend Euro netto, private Krankenversicherung schon abgezogen (das vergessen Lehrer oft, wenn sie von ihren Gehältern erzählen), Kindergeld nicht mit eingerechnet, aber viel mehr als dreitausendfünfhundert Euro netto werden es auch zwanzig Jahre später nicht sein.

Selbst wenn alle Lehrer überall konsequent verbeamtet werden würden, bliebe das Besoldungssystem ungerecht. Es bestraft nicht die faulen Säcke, die es in jedem Beruf gibt. Und es belohnt nicht diejenigen, die sich für die Schüler und die Schule geradezu aufopfern. Dabei gäbe es durchaus Möglichkeiten, das Besoldungssystem zu modifizieren.

Warum sollen nicht alle Lehrer ein Grundgehalt bekommen, das bei Berufs*einstieg* einem Nettomonatslohn von ungefähr zweitausend Euro entspricht? (Ortszuschläge können weiterhin gezahlt werden, weil das Leben in München nun mal teurer ist als in Frankfurt an der Oder.) Für einen Berufseinsteiger ist das nicht schlecht. Und mit dem Staat als Arbeitgeber hat man – Verbeamtung hin oder her – einen sicheren Job. Und diejenigen, die jetzt jammern, denen sei gesagt: Es ist ja auch nur das Grundgehalt. Dieses Gehalt bezieht jeder Lehrer dafür, dass er 25 Stunden inklusive Pausenaufsichten (und an Grund- und Hauptschulen wegen des geringeren Korrekturaufkommens 28 Stunden) einfach bloß unterrichtet. Des Weiteren sollte die Übernahme einer Klassenleitung zu den Grundpflichten gehören – aber mehr nicht. Und dann wird ein Bonussystem eingeführt. Boni in realistischer Höhe könnte es zum Beispiel geben für:

- Deutsch- und Englischlehrer wegen des oft astronomisch hohen Korrekturaufkommens (alternativ sollten sie weniger unterrichten)
- die Übernahme eines Leistungskurses
- die Übernahme eines Kurses, in dem mehr als vier mündliche Abschlussprüfungen stattfinden
- die Bereitschaft, auf Klassenfahrt(en) zu fahren

- die Bereitschaft, eine AG mit zwei Wochenstunden zusätzlich zu übernehmen
- die Bereitschaft, sich um die Rechner und Kopierer zu kümmern (die dann aber auch wirklich immer funktionieren müssen)
- die Bereitschaft, den Vertretungsplan zu erstellen
- usw.

Aber Achtung: der Notendurchschnitt darf kein Grund sein (unterschiedliche Klassen können erstens unterschiedlich leistungsstark sein und zweitens sollte kein Lehrer Anreize erhalten, Noten zu verschenken).

Und: Auch die Ergebnisse zentraler Tests, die es in den USA zum Teil schon gibt und deren Einführung momentan in einigen Staaten diskutiert wird, sollten kein Grund für eine Bonuszahlung sein. Ein Lehrer, dessen schwierige Klasse einen Schnitt von 3,0 erreicht hat, kann mehr geleistet haben, als ein Lehrer, dessen Arzt- und Lehrerkinder-Klasse einen glatten Zweierschnitt geschafft hat.

Die Übernahme der Oberstufenleitung bzw. ganzer Abteilungen inklusive der Verantwortung für diese muss gesondert vergütet werden. Solche Lehrer erhalten momentan eine A14-, wenn nicht gar eine A15-Stelle und verdienen mehr als die *normalen* Kollegen. (Es ist ja nicht so, dass alles falsch wäre …)

Außerhalb dieses Systems sollten natürlich auch der Direktor und dessen Stellvertreter stehen. Die müssen weiterhin fest (und gut) besoldet werden. Je nach Größe der Schule sollte die Last auf mehrere Stellvertreter verteilt werden. Es ist ein Unterschied, ob man ein zweizügiges Gymnasium in Schleswig-Holstein in ländlicher Gegend leitet oder eine fünfzügige Schule in einem rauen Vorort von Berlin. (Momentan ist der Unterschied vor allem der, dass der Direktor am ländlichen Gymnasium wesentlich mehr verdient als sein Berliner Kollege.) Und Grundschuldirektoren, die für eine ganze Schule und deren Schüler verantwortlich sind, müssen mehr verdienen als ein einfacher Gymnasiallehrer. Der Direktor, der die Grundschule meines Sohnes leitet, bekommt in Nordrhein-Westfalen A13 mit einer Zulage. Das ist peinlich und wird der Verantwortung, die ein Grundschuldirektor trägt, nicht gerecht.

Eine leistungsbezogene Bezahlung ist nicht leicht umzusetzen. Aber fairer wäre sie gewiss. Dann würde der Deutschlehrer, der einen Leistungskurs hat und wirklich die Fünfundfünfzigstundenwochen aneinanderreiht, besser bezahlt werden als jemand wie ich, der momentan am Berufskolleg gar keine Leistungskurse übernehmen *kann*. (Natürlich müsste in einem Bewerbungsgespräch beziehungsweise vor der Einstellung darauf hingewiesen werden, wie die Bonichancen stehen.) An meinem Berufskolleg würden ganz schnell die Sportlehrer zu den Besserverdienern werden. Und zwar zu Recht. Sie sind fast immer LK-Lehrer und müssen ständig auf Sportfreizeiten. Und mit freier Zeit haben solche Freizeiten in der Regel nur selten etwas zu tun.

Und ja, es kann zu Konkurrenzkämpfen und Streit kommen. Vielleicht bekommt der eine keinen LK bzw. Abiturkurs, weil einfach alle LKs und Abiturkurse schon besetzt sind. Es müsste so geregelt sein, dass jeder in den Genuss kommt, sich seinen Bonus oder seine Boni spätestens im jeweils folgenden Jahr zu verdienen.

Mit Sicherheit finden das jetzt alle doof. Aber man kann es doch drehen und wenden, wie man will: Ausruhen auf einer Verbeamtung auf Lebenszeit und es bei der Kernarbeit belassen – das könnte man dann nur noch, wenn man am Ende des Monats einen Gehaltsverlust in Kauf nimmt. Denn es gibt sie doch wirklich – und niemand wird es ernsthaft leugnen – die Lehrer, die irgendwann ihre A14-Stelle nachgeworfen bekommen haben und die auf ihre Frühpensionierung hinleben. Sie verstehen es geschickt, immer wieder dieselben Klausuren zu schreiben, zum 57. Mal das im Jahr 1982 auf Schreibmaschine angefertigte Arbeitsblatt zu benutzen ... und am Ende kommen sie auf die oben erwähnten dreißig Stunden. Diese Kollegen bekommen (wesentlich) mehr als ihr Kollege am selben Tisch, der regelmäßig fünfzig und manchmal auch sechzig Stunden in der Woche arbeitet.

Die Lehrerarbeitszeiten sind im Gegensatz zu den Arbeitszeiten in vielen anderen Berufen ein hoch sensibles Thema. Fragt man zwanzig Lehrer, werden neunzehn Lehrer sagen, dass sie wirklich nie unter fünfzig Stunden pro Woche arbeiten. Manche werden wesentlich dramatischere Zahlen nennen. Auch dazu hatte ich die Kollegen befragt. Unter anderem habe ich folgende Antworten bekommen:

24 Unterrichtsstunden bedeuten ca. eine 50 Stundenwoche; in *Stoßzeiten* (Klausurkorrekturen vor Weihnachten und Abiturkorrekturen in den Monaten April oder Mai) ist es mehr; es gibt aber auch Wochen, in denen ich weniger pflichtmäßig gefordert werde.

Michael, 61, Lehrer in Berlin

Wenn ich die Ohren im Lehrerzimmer aufhalte und mir die Klagen vieler Kollegen anhöre, dann denke ich, viele wissen nicht mehr, wie privilegiert wir sind. Natürlich verbringen wir die unterrichtsfreie Zeit häufig mit Korrekturen und Nach- und Vorbereitungen. Aber dennoch: Wir Lehrerinnen und Lehrer haben bis zu 14 Wochen unterrichtsfrei im Jahr. Bei guter Planung und effektivem Arbeiten bleibt weitaus mehr Urlaub übrig als bei anderen Arbeitnehmern – das sollten wir nicht vergessen.

Volker (s. o.)

Für mich ist die Lehrerarbeitszeit zu vergleichen mit der Saisonarbeit in der Landwirtschaft: Es gibt Phasen, da arbeite ich fast nur von morgens 8 Uhr bis mittags 13 oder 15 Uhr in der Schule und kehre dann heim, setze mich in den Garten und genieße das Leben. Das ist in den Wochen nach den Sommerferien der Fall. Diese Phase endet meistens kurz vor den Herbstferien, wenn die ersten Klassenarbeiten geschrieben und korrigiert werden müssen.

Es gibt aber auch Phasen, da arbeite ich nicht nur von morgens 8 Uhr bis mittags 13 oder 15 Uhr in der Schule, sondern anschließend noch einmal zu Hause am Schreibtisch oder PC von 19 bis 21, 23 oder gar 1 Uhr. Das sind Phasen, in denen Klassenarbeiten konzipiert und korrigiert werden müssen, neuer Unterricht vorbereitet wird (Recherche, Lernziele, Methoden etc.), Konzepte, Protokolle o.Ä. für diverse Projekte und Arbeitsgruppen geschrieben, individuelle Schülerbeurteilungen geschrieben und Noten erstellt werden müssen.

Nelly (s. o.)

Im vergangenen Schuljahr hatte ich fünf Oberstufenkurse (jeweils in der Kursstufe 1 und 2 einen vierstündigen Deutschkurs, dazu drei zweistündige Geschichtskurse) – neben anderen Klassen, versteht sich. Daher musste ich in allen (!) Ferien außer den Sommerferien mehrere Klausuren korrigieren. Dieses Jahr hatte ich eine Erst- und Zweitkorrektur im Abiturfach Deutsch – zusätzlich zu den anderen anfallenden Klausuren. Zwischen März und Mai habe ich daher ohne Pause durchkorrigiert, denn für einen Kurssatz Abitur Deutsch brauche ich, das habe ich mir extra mal notiert, ca. fünfundvierzig Stunden. Manchmal wünsche ich mir, Mathe- oder Sportlehrer zu sein, damit ich ein bisschen weniger korrigieren müsste.

Katrin (s. o.)

Meine Arbeitszeiten sind höchst unterschiedlich. Nachdem ich die ersten Berufsjahre damit verbracht habe, mir einen Grundstock an Materialien, Unterrichtsplanungen, Methoden usw. zu erarbeiten, hat sich meine durchschnittliche Wochenarbeitszeit auf ein insgesamt erträgliches Maß reduziert: Waren es zu

Beginn in Stoßzeiten schon gern mal siebzig Wochenstunden, absolviere ich heute durchschnittlich fünfundvierzig Stunden in der Woche, in den Korrektur- und Konferenzzeiten erhöht sich das Ganze auf sechzig. Richtig frei habe ich nur in den Sommerferien. Die empfinde ich, obwohl der Termin ja immer fremdbestimmt ist, nach wie vor als großen Luxus. Sechs Wochen am Stück sind halt richtig fett!

Ralf (s. o.)

Natürlich kann ich nachmittags eher direkt meinen Bedürfnissen nachgehen als beispielsweise meine Freundin, die als Sozialpädagogin von morgens bis abends im Büro sitzen muss. Ich habe die Möglichkeit mich nach der Schule zum (von meiner Freundin sogenannten) *pädagogischen Mittagsschlaf* niederzulegen. Ja, und ich könnte auch nachmittags um 16 Uhr im Freibad gesichtet werden. Was jedoch niemand oder nur wenige sehen wollen: Ich sitze mit meiner Fächerkombination (Deutsch/Französisch) und einer vollen Stelle sowie einer Klassenleitung und einer AG spätnachmittags bis abends wieder am Schreibtisch. Im letzten Jahr hatte ich 7 unterschiedliche Lerngruppen und unterrichtete keine parallel. Das heißt: Alle fünf Wochen stapelten sich bis zu 200 Arbeiten, die korrigiert werden wollten, auf meinem Schreibtisch – Vokabeltests nicht mitgerechnet.

Anna (s. o.)

Ich kenne auch noch andere Meinungen. Über die Arbeitszeiten wird ja oft geredet. Vor allem über das Korrekturaufkommen. Übrigens sammeln viele Lehrer, das muss dringend erwähnt werden, auch regelmäßig Hausaufgaben ein, in Nordrhein-Westfalen kommen *Soleis* (= Sonderleistungen = Hausarbeiten) dazu und auch die Praktikumsberichte können viele Seiten Umfang haben. Dennoch halte ich viele Zahlen für aufgerundet. (Und fünfundvierzig und fünfzig Stunden sind ein Unterschied.) Die Rekordarbeitszeit, die mir genannt worden ist, lautete: achtzig Stunden! Und damit war kein Dauereinsatz auf einer Klassenfahrt gemeint, sondern es ging um Achtzigstundenwochen (und nicht um *eine* Achtzigstundenwoche, die die Folge einer besonders unglücklichen Verkettung verschiedener Umstände gewesen war). Gehen wir dieser Angabe mal genauer nach: Angenommen an einem von sieben Tagen arbeitet man *nur* sechs Zeitstunden, dann arbeitet man an den anderen sechs Tagen jeden Tag 12,5 Stunden. Das heißt eigentlich: Wenn man nicht gerade auf Klo sitzt oder die Zähne putzt oder isst oder zur Arbeit fährt (was lästig sein kann, was aber nicht zur Arbeitszeit gehört), dann arbeitet man eigentlich immer.

Viele Lehrer machen aber oft schon nach den ersten anderthalb Stunden Unterricht zwanzig Minuten Pause. Es ist nun mal nicht immer der Fall, dass man in den Pausen von Schülern oder Kollegen heimgesucht wird oder noch was kopieren muss. Es ist oft so, dass man sich über Fußball unterhält. (Oder über Autos.) Und das ist auch alles nicht verwerflich. Wie oft war ich schon nach anderthalb Stunden nervlich am Ende, wenn ich mit einer Klasse fast durchgehend kämpfen musste (Siehe dazu auch Teil VII: *Horrorstunden*)? Dann braucht man dringend eine Pause. Und diejenigen, die das lächerlich finden, die standen noch nie vor einer schwierigen Klasse. Anderthalb Stunden vor einer Klasse stehen heißt in der Regel ja auch, dass man anderthalb Stunden lang jede einzelne der insgesamt neunzig Minuten konzentriert und manchmal in Alarmbereitschaft sein muss. Das heißt, dass man es sich nicht erlauben kann, auch nur eine Minute die Klasse aus dem Blick zu verlieren. Man darf manchmal unter keinen Umständen die kleinste Schwäche zeigen. Und nach einer solchen Doppelstunde braucht man dann einfach zwanzig Minuten Pause. Denn nach diesen zwanzig Minuten warten wieder 27 Schüler auf einen, und das hält man nur aus, wenn sich der eigene Energiespeicher wieder ein wenig aufgeladen hat. Es gibt nichts Peinliches daran, nach anderthalb Stunden Unterricht erst mal zwanzig Minuten Pause zu machen. Deshalb sollte man dazu stehen und es auch zugeben und nicht sagen, dass man von halb acht bis drei in der Schule gewesen sei und siebeneinhalb Stunden durchgepowert habe und sich nachmittags dann gleich wieder an den Schreibtisch gesetzt habe und abends sowieso. Oft wird in den Pausen übrigens auch gearbeitet. Aber Lehrer neigen dazu so zu tun, als ob sie wirklich in jeder Schulwoche in jeder Pause arbeiten und in den Freistunden sowieso.

In Zusammenhang mit Äußerungen zur hohen Arbeitsbelastung wird oft bedauert, dass Lehrer ungerechterweise die Überstunden nicht abbummeln dürfen. Die meisten Kollegen vergessen allerdings, dass auch ein Lehrer nur das Recht auf sechs Wochen Nichtstun pro Jahr hat. Wenn man davon ausgeht, dass die meisten Lehrer in den Sommerferien mindestens vier, manchmal aber auch fünf Wochen nichts tun, dann darf man in den Herbst-, Weihnachts-, Oster,- und Pfingstferien aber schon fast nicht mehr verreisen bzw. die Beine hochlegen. Aber kaum ein Lehrer wird leugnen, dass er auch in den anderen Ferien hin und wieder mal wegfährt oder an bestimmten Tagen gar nicht oder nur wenig arbeitet. Für viele Lehrer sind die Ferien daher oft ein Ausgleich für Mehrarbeit. Eine Zeit, in der sie abbummeln können. Natürlich korrigieren Lehrer in den Ferien manchmal wirklich viel. Aber sie tun es nicht acht Zeitstunden am Tag an sechs Tagen in der Woche. (Und zwar in allen Ferien mit Ausnahme der Sommerferien.) Das müssten sie aber, damit ihre Aussage mit den fünfzig Stunden aufs Jahr gerechnet stimmt. (Es mag Deutschlehrer geben, die wirklich so viel korrigieren. Vor ihnen verneige ich mich in größter Demut.)

Der Hinweis auf die Korrekturen wird manchmal auch als Alibi missbraucht, um ja nicht in den Verdacht zu geraten, man arbeite wirklich mal nicht ganz so viel. Und dann sind die Lehrer, die immer nur korrigieren, in den Osterferien zehn Tage in Istanbul oder waren am Wochenende von Freitagmittag bis Sonntagabend auf einem Familienfest. Wie geht das denn? Oder haben sie einen Stapel Klausuren mitgenommen?

Ich hatte schon mal eine Kollegin, die trainierte Triathlon. Achtzehn Stunden Training in der Woche. Mit Verlaub: Das kann jemand, der »in der Wirtschaft« arbeitet, nicht. Und dass einfach mal eine Doppelstunde ersatzlos ausfällt, man früher nach Hause gehen kann und man dadurch den Unterricht für die nächste Doppelstunde schon vorbereitet hat – so etwas gibt es in anderen Berufen nicht. In meinen Kursen fanden schon mal Umfragen statt. Dann fiel in derselben Woche mein Unterricht wegen eines Erste-Hilfe-Kurses aus. Oft verlängert sich die Arbeitszeit der Lehrer, weil Mehrarbeit einfach dazukommt. Das Klingeln des Telefons kann das Gleichgewicht des Tages empfindlich durcheinanderbringen oder einen ruhigen Abend kaputt machen. Aber manchmal verkürzt sich die Arbeitszeit auch. Das vergessen die Lehrer gern. Sie vergessen auch gern, dass man vor den Sommerferien Eis essen geht. Oder mit den Schülern frühstückt. Und dass man diese Stunden nicht vorbereitet hat. Man sollte es aber nicht vergessen. Und man sollte sich auch nicht schämen, dass unser Beruf in solchen Stunden herrlich entspannt sein kann. Das wäre ja so, als schämte sich ein Profifußballer dafür, nach dem Spiel eine halbe Stunde im Whirlpool sitzen zu dürfen.

Am Abendgymnasium arbeiteten zwei Lehrer – beide hatten an der Abendschule Abiturklausuren zu korrigieren – die eine volle Stelle (!) an einem staatlichen Gymnasium hatten. Auf meine verblüffte Nachfrage sagten sie: »Keine Kinder!« Meine Frau könnte nie und nimmer einen weiteren Job, und sei es wie im Fall der erwähnten Kollegen nur eine Drittelstelle, annehmen. Dann würde sie nämlich *wirklich* an 365 Tagen im Jahr zehn Zeitstunden am Tag arbeiten.

Die Arbeitszeiten: ein schwieriges Thema. Fest steht: Die Arbeitsstunden sind höchst ungerecht verteilt. Mir fällt jedenfalls kein anderer

Akademikerberuf ein, in dem diejenigen, die einen gemütlichen Fünfunddreißigstunden-Job haben, genauso viel oder je nach Status wesentlich mehr verdienen als diejenigen mit einem durchgehenden Fünfzigstunden-Job.

Zugegeben: Der bürokratische Mehraufwand wäre immens, wollte man die Lehrer tatsächlich leistungsbezogen bezahlen. Nun wüsste ich allerdings nicht, warum man für mehr Gerechtigkeit nicht mehr Aufwand betreiben sollte. Aber wenn man *einen* Missstand zum Ausgleich beseitigt, dann hätte man plötzlich viele Staatsangestellte, die nichts mehr zu tun hätten und die auf eine solche Aufgabe warten würden. Die bürokratischen Reserven, die der gefräßige *Föderalismustumor* verschlingt, könnten nutzbar gemacht werden. Man müsste nur das System, das längst zu einer ABM-Maßnahme für Politiker oder Behördenangestellten geworden ist, ein- für allemal abschaffen.

Die Politiker, die den Bildungsföderalismus verteidigen, wissen nur selten etwas darüber. Ich weiß eine ganze Menge. Denn ich musste mich durch das Bildungsföderalismuslabyrinth mehrfach hindurchkämpfen. Manchmal habe ich mich auch hoffnungslos darin verirrt.

Teil VI: Es lebe der Föderalismus!

Man könnte dieses Kapitel mit vielen Zitaten und noch mehr Zahlen aus diversen Artikeln oder Untersuchungen zum Thema füllen. Aber das möchte ich nicht tun. Deshalb gehe ich gar nicht weiter darauf ein, dass laut zwei Allensbachstudien[23] über sechzig Prozent der Lehrer und der *normalen* Bevölkerung gegen den Bildungsföderalismus sind. Eltern mit schulpflichtigen Kindern lehnen den Bildungsföderalismus noch entschiedener ab. Eine massive Mehrheit ist für bundesweit einheitliche Abschlussprüfungen. Es herrscht seltener Konsens in der Bevölkerung. Sogar im vermeintlichen Bildungsparadies Bayern ist nicht mal ein Viertel der Bevölkerung der Meinung, dass die Länder für die Bildungspolitik zuständig sein sollten. (In Hamburg ist es ein Drittel.) Wer sich einen Überblick über dieses Thema verschaffen und sich an einer Pro-Contra-Debatte beteiligen möchte, der sollte einen Blick ins Buch *Bildung und Kleinstaaterei: Brauchen wir mehr Bildungszentralismus?* von Tanjev Schultz und Klaus Hurrelmann (2012) werfen. In diesem Buch findet man viele leidenschaftliche Plädoyers für beide Positionen. Und einen Text von mir. Einen Offenen Brief. In diesem Offenen Brief, den ich an die Bundesbildungsministerin und an die Bildungsministerin des Landes Nordrhein-Westfalen geschickt habe, geht es um meine individuellen Erfahrungen in diesem Labyrinth. Von diesen Erfahrungen möchte ich nun berichten.

Dass ich in Hamburg einen *Lehrauftrag* übernommen habe, in Berlin eine *PKB-Stelle* (Personalkostenbudgetierungs-Stelle) war und in Nordrhein-Westfalen über *Geld statt Stellen* (d.h.: es wird kurzfristig Geld gezahlt, anstatt eine feste Stelle zu schaffen) gekommen bin, ist im Rückblick fast schon banal. Denn letztendlich handelte es sich auch bei

---

23 Institut für Demoskopie Allensbach: Aktuelle Fragen der Schulpolitik und das Bild der Lehrer in Deutschland (Veröffentlichungsjahr: 2010) und Schul- und Bildungspolitik in Deutschland 2011: Ein aktuelles Stimmungsbild der Bevölkerung und der Lehrer (Veröffentlichungsjahr: 2011)

der seltsamsten Umschreibung *(PKB-Stelle)* lediglich um Synonyme für *Krankenvertretung.* Man könnte übrigens ein ganzes Wörterbuch zum Thema *Sechzehn Länder, Sechzehn Bildungsdialekte* verfassen. Als ich in Nordrhein-Westfalen anfing, wusste ich zum Beispiel zunächst nicht, was ein *Defizit* ist. Das heißt: Natürlich kannte ich das Wort. Dass es aber für Kurse unter fünf Punkten benutzt wurde, wusste ich nicht. Woanders hatte es *Unter-* oder *Fehlkurs* geheißen. Aber diese Bildungsdialekte sind natürlich nicht das eigentliche Problem.

Das absolute Hauptproblem ergibt sich aus dem Umstand, dass die meisten Bildungspolitiker noch längst nicht begriffen haben, dass wir nicht mehr in den fünfziger Jahren leben. Nach dem Krieg im Wirtschaftswunderland geschah es mit Sicherheit vergleichsweise selten, dass jemand berufsbedingt oder auch nur beziehungsbedingt (man lernte sich in jener Zeit nicht über Partnerbörsen im Internet kennen) umziehen musste. Heute in der globalisierten Welt, in der sich auch der nationale Arbeitsmarkt massiv verändert hat, passiert das ständig. Als ich im Mai 2012 mein zwanzigjähriges Abitur feierte, lebten die Kieler Exabiturienten in Hamburg, Berlin, Freiburg, Schwerin, Lübeck, Wuppertal und Toulouse (und ein paar auch in Kiel). Die meisten sind nicht aus Kiel weggezogen, weil sie der Strände oder der Kneipenszene überdrüssig geworden wären, sondern weil sie woanders Arbeit oder einen Partner gefunden hatten. Ich habe Kiel zum Beispiel studienbedingt verlassen. Und Hamburg, die Stadt, in der ich sterben wollte, verließ ich, weil sich die berufliche Perspektive meiner Frau veränderte. Dann lebt man plötzlich nicht bloß in einer anderen Stadt, sondern in einem anderen Bundesland. Bildungspolitisch befindet man sich dann sogar auf einem anderen Planeten! Und das fängt im Kleinen bzw. bei den Kleinen an.

In Berlin wäre unser Sohn im Jahr 2009 eingeschult worden, obwohl er erst Ende Oktober Geburtstag hat. Dort wird nach Jahrgängen eingeschult. In dem Jahr, in dem das Kind sechs wird, kommt es in die erste Klasse. Und basta. Wenn man Pech hat und am 26. Dezember Geburtstag hat, dann ist man das erste halbe Schuljahr fünf Jahre alt und damit in der Regel viel zu jung. In Nordrhein-Westfalen gab es wie in den meisten anderen Bundesländern auch einen Stichtag mitten im Jahr, und plötzlich hatten wir wieder die Qual der Wahl (und uns dafür entschieden, dass unser Sohn ein Jahr länger Kind bleiben durfte). Was wäre allerdings geschehen, wenn wir erst zwei Jahre später umgezogen wären? Dann wäre unser Kind mit großem Abstand das jüngste Kind in der Klasse gewesen. Und später würde dann unser zehnjähriger Sohn in einem Klassenraum mit elf- und manchen zwölfjährigen Mädchen sitzen. Zwischen zehnjährigen Jungs und zwölfjährigen Mädchen kann der Abstand so groß wie zwischen einer Abiturientin und einer vierzigjährigen Mutter von drei schulpflichtigen Kindern sein.

Und wie hätte es *fünf* Jahre später ausgesehen? Wenn unser Sohn von einer fünften Berliner Grundschulklasse in eine sechste Klasse einer weiterführenden Schule hätte wechseln müssen? Und wie geht es dem Sechzehnjährigen, der in Schleswig-Holstein auch in der Oberstufe im Klassenverband ohne Leistungskurse unterrichtet wird, in den meisten anderen Bundesländern aber in ein Kurssystem wechseln muss?

Wenn man darüber nachdenkt, kann man doch nur platzen vor Wut, Zorn und Verzweiflung. Was tun die Bildungspolitiker eigentlich den Kindern an? Geht es diesen Politikern, die im Falle einer Zentralisierung Macht verlören und sich den Vorgaben aus Berlin beugen müssten, wirklich derart ausschließlich um Machterhalt, dass sich ihr Blick auf die Lebensrealität im Deutschland des 21. Jahrhunderts vollkommen vernebelt hat? Es ist einfach nur lachhaft, dass von Arbeitssuchenden Flexibilität verlangt wird, während der starre Bildungsföderalismus vor allem dann zum Minenfeld auf der Jobsuche wird, wenn man schulpflichtige Kinder hat. Um Bildungsminister werden zu dürfen, sollten zukünftig per Stellenausschreibung Menschen gesucht werden, die erstens schulpflichtige Kinder haben und zweitens mindestens zweimal das Bundesland gewechselt haben. Dann wären wir den Bildungsföderalismus, dieses Krebsgeschwür der Bildungspolitik, binnen weniger Jahre los.

Aber ich wollte ja gar nicht theoretisch werden. Ich wollte von meinen eigenen Erfahrungen berichten. Und die begannen eigentlich schon damit, dass ich, wie schon erwähnt, im Lehramtsstudium in Tübingen das Pädagogikum im ausgehenden zwanzigsten Jahrhundert nicht brauchte, es in Hamburg aber vorzeigen musste. Mein Erstes Staatsexamen war: ein Erstes *Landes*examen!

Der eigentliche Horror begann aber erst, als ich von Hamburg nach Berlin wechselte. Ich hatte in Hamburg drei Jahre als Vertretung gearbeitet. Ich hatte an zwei staatlichen Schulen bis jeweils zum letzten Tag vor den Sommerferien gearbeitet und, jetzt wird es wichtig, *fast* unmittelbar nach den Sommerferien wieder begonnen. An einer privaten Schule war ich zwei Jahre durchgehend beschäftigt. Dort habe ich unter staatlicher Aufsicht Abitur abgenommen. In Berlin wurde ich kurioserweise dennoch wie ein Berufseinsteiger behandelt, denn:

Sehr geehrter Herr Ulbricht,

[…]

Ich bedaure, dass eine Zuordnung zur Stufe 2 nicht erfolgen kann. Gemäß § 16 Abs. 2 Satz 3 TV-L erfolgt eine Stufenzuordnung zur Stufe 2 bei einschlägiger Berufserfahrung aus einem vorherigen Arbeitsverhältnis zu einem anderen Arbeitgeber, das mindestens ein Jahr ununterbrochen bestanden hat. Hier können mehrere Arbeitsverhältnisse nur dann zusammengerechnet werden, wenn sie sich zeitlich unmittelbar anschließen, um das Jahr zu erreichen. […]

Aus den von Ihnen eingereichten Unterlagen geht hervor, dass Sie nur an dem Privaten Abendgymnasium mindestens ein Jahr ununterbrochen beschäftigt waren. Hierbei handelt es sich jedoch nicht um einschlägige Berufserfahrung, da es sich um eine Tätigkeit an einer staatlich genehmigten Ersatzschule für Schülerinnen und Schüler ab 19 […] handelt. Die Unterrichtung von erwachsenen Schülern ist nicht mit Ihrer Tätigkeit an der (…-)Schule vergleichbar und somit nicht einschlägig. Des Weiteren […] wurde nicht mindestens ein Jahr ununterbrochen gearbeitet, sodass es bei einer Zuordnung zur Stufe 1 bleibt.

Zum ersten Mal erlebte ich die hässliche Fratze des Bildungsföderalismus. Zum ersten Mal erlebte ich, wie man als Bundeslandwechsler von diesem System bestraft wird. Der Arbeitgeber – das Land – freut sich keineswegs darüber, dass jemand aus einem anderen Bundesland mit abgeschlossener Ausbildung *und* Berufserfahrung bereit ist, dort als Lehrer zu arbeiten. Zumindest würdigt der Staat die Berufserfahrung nicht (siehe auch weiter unten). Und damit unterscheidet sich der Staat in Form eines Bundeslandes auf dramatische Weise von den Anforderungen in den meisten anderen Berufszweigen, wo Berufserfahrung in anderen (Bundes-)Ländern oft der Grund für eine Einstellung ist. Schließlich hat der Bewerber seine Vielfältigkeit und Flexibilität bewiesen. Schließlich hat der Bewerber keinen Umzug und damit einhergehende Unannehmlichkeiten gescheut. Schließlich handelt es sich bei dem Bewerber um jemanden, der bereit ist, sich in einem völlig neuen Umfeld neu einzuleben.

Vielleicht werden Latein-/Mathelehrer mit glänzendem Abschluss ja zuvorkommender behandelt. In meiner Hamburger Zeit war es schon eine eigentlich unerträgliche Zumutung gewesen, am letzten Schultag in die unbezahlten Ferien geschickt zu werden. In einem Fall fing ich mit einwöchiger, im anderen Fall mit zweiwöchiger Verzögerung nach den Ferien wieder zu unterrichten an. Letztendlich haben diese Verzögerungen erstens dazu geführt, dass ich von der Behörde keine

Anschlussverträge erhalten hatte und nicht wie alle anderen Lehrer auch in den Sommerferien bezahlt worden bin, und zweitens bin ich wegen dieser Ungerechtigkeiten zum zweiten Mal – nun in einem anderen Bundesland – bestraft worden. Der Gipfel der Unverschämtheit war indessen, dass die Zeit an der Abendschule nicht angerechnet wurde. Da man an einer solchen Schule seine Belastbarkeit in mehrfacher Hinsicht unter Beweis stellt, hätte sie eigentlich doppelt gezählt werden müssen. (Was ich natürlich nicht erwartet habe.) Aber dass sie mir aberkannt worden ist, kann ich auch heute noch nicht glauben.

Naiv und dumm, wie ich war, dachte ich: Schlimmer kann es nicht mehr werden. Aber dann wechselte ich nach Nordrhein-Westfalen. Was ich nun erlebte, war nichts anderes als der bildungsföderale und bürokratische Super-GAU. Selbstverständlich musste ich wieder *alle* Unterlagen einreichen. Das musste ich in Hamburg. Das musste ich in Berlin. Und nun musste ich alle Unterlagen nach Düsseldorf schicken. Natürlich musste ich alle Unterlagen *beglaubigt* vorlegen. Wie viel Bürokratie könnte man sich eigentlich schenken, wenn man diese Unterlagen nur ein einziges Mal zentral einreichen müsste? Dann könnte in Düsseldorf irgendjemand auf einem sicheren Server auf meinen Namen klicken, und schwupp: Dort würde dann stehen, dass Herr Ulbricht, geb. am soundsovielten in Kiel, diese und jene Unterlagen an dem und dem Tag in der und der Behörde vorgelegt hat. Das würde dann eine Minute dauern. Und die Prüfung der nachgereichten Arbeitszeugnisse würde noch mal ein paar Minuten verschlingen. Nun lagen also alle Unterlagen in Düsseldorf. Wegen eines Problems musste ich allerdings noch in Düsseldorf anrufen. Mir wurde erklärt: »Um Ihre Lehramtsbefähigung anzuerkennen, brauchen wir noch die Kommanote des zweiten Staatsexamens.« Ich staunte. Dann sagte ich: »Wirklich? Die mussten ich in Hamburg und Berlin …« Ich wurde unterbrochen. Und höflich war der Behördenmensch am anderen Ende der Leitung nicht. Anstatt zu sagen, schön, dass Sie bei uns in Nordrhein-Westfalen unterrichten wollen, sagte er: »Hören Sie mal, guter Mann! In Deutschland haben wir den Föderalismus! Stellen Sie sich mal vor, in Bayern […].«

Mir wurde schlecht. Einfach bloß schlecht. Der Mann am anderen Ende der Leitung erzählte *mir,* dem – Studium inklusive – fünffachen Bundeslandwechsler, doch tatsächlich etwas über das Grundgesetz. Über den Föderalismus. Ich erinnere mich dunkel daran, dass ich nicht eben höflich antwortete: »Meine Kommanote ist 3,5. Das kann sogar mein Sohn ausrechnen. Der ist gerade sechs geworden.« – »Wir brauchen die Note offiziell aus Schleswig-Holstein.« Ende des Gesprächs.

Ich schrieb Mails. Ich rief in Schleswig-Holstein im Ministerium an. Ich hing in Warteschleifen. Und ich wunderte mich darüber, dass es zwischen den Ministerien im 21. Jahrhundert nicht mal rudimentäre Formen der Kommunikation zu geben schien. Hätte ich ein Dokument aus Neuseeland gebraucht, es wäre nicht komplizierter gewesen. Irgendwann hatte ich jemanden am Telefon, der immerhin wusste, wovon ich überhaupt sprach. Dann bekam ich erst ein offizielles Schreiben mit der Kommanote, und anschließend einen Brief der Bezirksregierung Düsseldorf. In dem Schreiben stand:

> Sehr geehrter Herr Ulbricht,   25.11.2009
>
> die Anerkennungsbescheinigung ist in zweifacher Ausfertigung beigefügt. Ein Exemplar der Bescheinigung ist zu Ihren Akten zu nehmen.
>
> Mit freundlichen Grüßen
>
> […]

So so. Ich bewarb mich in der Folgezeit immer wieder auf Stellen. Später auch an der Wuppertaler Schule, an der ich zuvor schon unterrichtet hatte, und an einem Weiterbildungskolleg. Da ich zu dem Zeitpunkt am Berufskolleg beschäftigt war, rechnete ich mir durchaus Chancen aus. Das Weiterbildungskolleg meldete sich erfreulicherweise. Wir vereinbarten telefonisch einen Gesprächstermin. Dann bekam ich folgende Mail:

> Sehr geehrter Herr Ulbricht,   22.06.2011
>
> ich erfuhr heute aus der Bezirksregierung, dass Ihre Bewerbung wegen fehlender Unterlagen nicht zulässig ist.

Mit dieser Mail begann meine Junikrise des Jahres 2011, die die Junikrise des Jahres 2006, als die Hamburger Schulbehörde mitten im Abitur meine Verträge nur monatsweise verlängerte, an Heftigkeit bei Weitem übertraf. Ich verstand die Welt nicht mehr. Fehlende Unterlagen? Ich war zu diesem Zeitpunkt doch im Regierungsbezirk Düsseldorf als Lehrer mit einem befristeten Vertrag beschäftigt!? Wie konnten denn dann Unterlagen fehlen? Die Direktorin des Wuppertaler Gymnasiums meldete sich ebenfalls:

Betreff: keine Einladung möglich
Sehr geehrter Herr Ulbricht,
auf den Ordnungsgruppenlisten der BezReg sind Sie nicht verzeichnet. Eine Einladung ist daher nicht möglich.

An vielen Schulen in Nordrhein-Westfalen war der Freitag nach Fronleichnam ein Brückentag. Ich war in Kiel. Die Sonne schien. War ich mit meinen Kindern am Strand? Nein. Ich war im Arbeitszimmer meines Vaters und telefonierte. Ich habe immer wieder in Düsseldorf angerufen, hing in Warteschleifen und ließ mich, weil selten jemand Bescheid wusste, weiterverbinden oder mir neue Nummern geben. Am Ende – es war das siebte Gespräch – erfuhr ich, was fehlte: die Anerkennung! Ich wurde erneut verbunden ... und hatte denjenigen in der Leitung, der mir nun zum zweiten Mal seinen Föderalismusvortrag hielt. Ein grausames Déjà vu.

Zurück in Wuppertal fand ich das oben erwähnte Schreiben. Ich erinnerte mich daran, dass mir die Anerkennung längst zugeschickt worden war. Ausgestellt vom Herrn, der mir zum zweiten Mal seinen Vortrag gehalten hatte! Ich schrieb dem in der Behörde sitzenden Föderalismusexperten eine für meine Verhältnisse freundliche E-Mail:

Guten Morgen Herr [...],

bezugnehmend auf unser am Freitag geführtes Telefongespräch stelle ich fest: Sie hatten mir unter dem Aktenzeichen (46.01.03.02.09) bereits die Anerkennungsbescheinigungen im Nov. 2009 (!) zugeschickt.

Dass es naiv war davon auszugehen, dass diese Bescheinigungen hausintern weitergeleitet werden, gebe ich zu, denn in Ihrem Schreiben steht auch folgender Satz: »Ein Exemplar der Bescheinigung ist zu Ihren Akten zu nehmen.« Das heißt vermutlich: Das andere Exemplar schicken Sie bitte wieder nach Düsseldorf.

Wären Sie so freundlich mir in einer kurzen Mail zu schreiben, an wen ich dieses Schreiben nun genau schicken soll? Ich habe ein wenig Angst davor, dass es nicht in die richtigen Hände gerät. Und es eilt. Frau [...] hat bis zum jetzigen Zeitpunkt Ihre Ausladung leider nicht wieder rückgängig gemacht. Aber das ist ja nun mal alles meine Schuld.

Es stellte sich heraus, dass ich tatsächlich ein Exemplar hätte zurückschicken müssen. Wohin? Nach Düsseldorf. An dieselbe Adresse. Nur an ein anderes Dezernat (ein oder zwei Zimmer weiter). Das liest sich vermutlich alles wie eine Satire. Ja, man könnte darüber lachen. Ich lachte aber nicht. Der gesamte Vorgang bewies mir auf bedrückende Art und Weise, dass man für die Behörden eine Personalnummer und kein Mensch ist. (Und wenn man stirbt, wird diese Nummer gelöscht.) Ich beschwerte mich auch offiziell in einem noch nicht Offenen Brief:

Sehr geehrte [...],   Wuppertal, den 27.06.2011

in einem Schreiben vom 5. Oktober 2009 (AZ 47.02.01–47.1.3.) heißt es: »Bitte beantragen Sie die Anerkennung [...]«

Das hatte ich getan.

In einem Schreiben unter dem AZ (46.01.03.02.09) heißt es: »[...] die Anerkennung ist in zweifacher Ausfertigung beigefügt.«

In keinem der Schreiben werde ich aufgefordert, die Anerkennung dann erneut nach Düsseldorf zurückzuschicken. Und den Antrag hatte ich erfolgreich gestellt. Denn ihm ist stattgegeben worden.

Nun mag es sein, dass ich irgendwann ein weiteres Mal aufgefordert worden bin. Wenn es sich um eine Aufforderung per Briefpost gehandelt hat, so hat mich diese Post nicht erreicht. Das kommt selten vor. Aber es kommt vor.

Es sieht alles nach einem Missverständnis aus.

Ich zahle einen sehr hohen Preis dafür, dass ein Dokument, das in Ihrer Behörde im Dezernat 46 ausgestellt worden ist, nie im Dezernat 47 angekommen ist. Aus dem mir vorliegenden Schriftverkehr geht nicht hervor, dass ich einen Fehler gemacht habe.

Mit freundlichen Grüßen

In der Tat zahlte ich einen hohen Preis dafür. Ich wurde, obwohl das Dokument nachgereicht und erwiesenermaßen in Düsseldorf in derselben Behörde im Jahr 2009 ausgestellt worden war, nicht mehr zum laufenden Bewerbungsverfahren zugelassen. Übrigens hat niemand auf diesen Brief geantwortet. Eigentlich ist das ein großes Glück. Denn mehr als Rechtfertigungen hätte eine Stellungnahme eh nicht enthalten.

Immerhin bekam ich in jenen Tagen zum ersten Mal einen Jahresvertrag. Das war mehr als bloß ein schwacher Trost. Ich bekam aber auch ein Schreiben, in dem stand, dass meine anzurechnenden Vertretungsstunden *Null* betrügen. Daraufhin schrieb ich eine weitere meiner vielen Mails. Denn diese Vertretungsstunden sind Teil eines sogenannten Bonifizierungssystems, das dazu führt, dass man einen höheren Listenplatz erhält, wodurch die Chance, zu Bewerbungsgesprächen eingeladen zu werden, steigt. Ich schickte all meine Verträge nach Düsseldorf. Es war wegen der ganzen Folgeverträge ein ganzer Stapel.

Am Ende wurde nur die Lehrtätigkeit in Nordrhein-Westfalen anerkannt. Vier Berufsjahre in Hamburg und Berlin waren aberkannt worden. Das war der Anlass für meinen Offenen Brief, den die GEW veröffentlichte. Dort stand drin, was auch in diesem Kapitel zu lesen war. Der Bildungsföderalismus belohnt die Mutlosen. Er belohnt diejenigen, die nicht zum Wechsel bereit sind. Er belohnt den Stillstand. Er sorgt dafür, dass Lehrer dazu erzogen werden, im selben Bundesland, in dem sie studiert haben, das Referendariat zu machen und am besten ein Leben lang als auf Lebenszeit verbeamteter Lehrer an derselben Schule zu bleiben. Auf der Strecke bleibt dabei, dass wir Schülern beibringen müssen, dass man heutzutage flexibel sein muss. Beibringen sollen das Lehrer, die Teil eines katastrophal erstarrten Systems sind, weil Politiker der Wille des Volkes nicht interessiert, wenn der Wille des Volkes sie in ihrer Macht beschneidet. Der Wille des Volkes lautet: weniger Föderalismus! Natürlich trägt das System Verbeamtung seinen Teil dazu bei, dass der Föderalismus bleibt, wie er ist. Lehrer sind ja Landesbeamte.

Aber man muss sich keinen Illusionen hingeben: Daran wird sich nichts ändern. Denn auch der zuständigen Ministerin des Landes Nordrhein-Westfalen ist das schnuppe. Sylvia Löhrmann war vor ihrer Karriere als Spitzenpolitikerin selbst Lehrerin. In Solingen, nachdem sie ihr Referendariat in Duisburg gemacht und in Bochum studiert hat. Irgendwann ist sie dann nach Düsseldorf weitergezogen. Bei allem Respekt: Von Politikern mit solch örtlich begrenzten Lebensläufen kann man nichts erwarten. Sylvia Löhrmann käme nie auf die Idee, Politik für Kinder und Eltern zu machen, die der moderne Arbeitsmarkt zum Umzug zwingt. Frau Löhrmann macht ausschließlich Politik für diejenigen, die in Solingen geboren worden sind und achtzig Jahre später in Solingen sterben. Das ist Politik von vorgestern. Wahrscheinlich wäre es ihr lieber gewesen, wenn solch störrische Familien wie die Familie Ulbricht in Berlin geblieben und dort zur Not von Hartz IV gelebt hätte, als nach Nordrhein-Westfalen zu ziehen.

Eines der zentralen Argumente für den Bildungsföderalismus lautet übrigens: Der Konkurrenzkampf belebt das Geschäft! Mehr Konkurrenz zwinge die Länder schließlich dazu, bessere Bildungspolitik zu machen. Das ist doch einfach Unsinn. Als wenn jemand seinen Job in Berlin aufgibt und kündigt, weil seine Kinder in Baden-Württemberg an einer vermeintlich besseren Schule unterrichtet werden könnten. Momentan führt der Konkurrenzkampf ausschließlich dazu, dass um

Lehrer gebuhlt wird. Es fehlen überall Mathelehrer. Geködert werden sie von den Ländern nicht mit der besseren Bildungspolitik, sondern mit der Verbeamtung.

Dabei ist Konkurrenz natürlich nicht das Schlechteste. Warum soll eine Schule nicht damit werben, dass sie als Schwerpunkt Naturwissenschaften unterrichtet und Mathe- und Biolehrern ein großartiges Umfeld bietet, um konzentriert unterrichten zu können. In einem solchen Fall könnten sich bestimmte Lehrer dann genau an dieser Schule bewerben, würden von dieser Schule eingestellt und bekämen, weil es ja der schulische Schwerpunkt ist, Klassenleitungen und Leistungskurse und am Ende mehr Lohn als ein Französischlehrer, der aber an einer sprachlich ausgerichteten Schule bessere Chancen hätte, mehr zu verdienen. Das wäre ein Konkurrenzkampf, der die Schulen besser machen würde. Dann hätten sie am Ende wirklich für ihren Schwerpunkt die besten und engagiertestes Lehrer. Und am Ende sind es die Lehrer, auf die es ankommt.

Ich machte zu dem Thema eine ganze Unterrichtseinheit. Die Schüler lachten, als ich erzählte, dass es in Deutschland sechzehn Schulgesetze gebe. Und wenn die Regierungen in den Ländern wechseln, ändern sich auch die jeweiligen Schulgesetze … Es ist doch alles bloß ein gigantisches Durcheinander. Aber wen interessiert's? Wir leben halt nicht in Deutschland, sondern in Bayern, in Baden-Württemberg, in Berlin, in Brandenburg, in Bremen, in Hamburg, in Hessen, in Mecklenburg-Vorpommern, in Niedersachsen, in Nordrhein-Westfalen, in Rheinland-Pfalz, in Sachsen, im Saarland, in Sachsen-Anhalt, in Schleswig-Holstein und in Thüringen. Und wenn man das Bundesland aus welchen Gründen auch immer wechselt, ist man halt schön blöd oder hat Pech gehabt. Inzwischen lasse ich mich nicht mehr von der Meinung abbringen, dass der Bildungsföderalismus nur noch von Menschen verteidigt wird, die noch nie umgezogen sind und auch nicht beabsichtigen, es jemals zu tun. Oder von Gehirnamputierten. Oder von Politikern, die ohne ihn Macht einbüßen würden. Oder von Behördenmitarbeitern, die ohne diese Monsterbürokratie ihren Job verlieren würden.

Positiv bleibt festzuhalten: Wer jahrelang dem Wahnsinn des Bildungsföderalismus' getrotzt hat, der wird auch an schwierigsten Schülern nicht zerbrechen.

Ich lebe. Und ich bin noch immer: Lehrer!

Teil VII: Zwischen Horror und Traum – aus den Klassenzimmern der Republik

› Gymnasium, Schleswig-Holstein

Die Schule, an der ich mein Referendariat gemacht habe, war von den acht Schulen, an denen ich unterrichtet habe, die Schule mit der geringsten Problemdichte. Das Einzugsgebiet bestand aus harmlosen Kleinstädten nördlich von Hamburg. Dies führte dazu, dass das Kollegium aus Lehrern bestand, die oft selbst nicht merkten, in was für einer Bildungsoase sie lebten. Das Unterrichten war extrem angenehm und das Leistungsniveau hoch. In jeder Klasse gab es gleich mehrere leistungsstarke Schüler. Die leistungsschwachen Schüler hätten an meinen späteren Schulen durchweg solide Plätze im Leistungsmittelfeld behaupten können.

› Gymnasium, Hamburg

Nach dem Referendariat wurde ich noch im August – (ich hatte mich auf so eine Art Vertretungsliste setzen lassen) quasi unmittelbar nach Beginn des Schuljahres – angerufen: »Wir brauchen Sie! Können Sie sofort anfangen? Erst mal bis zum Herbst. 16 Stunden.«

»Ich kann …, aber *wo* soll ich denn anfangen?«

»An einem Aufbaugymnasium in Hamburg-Harburg.«

Meine Karriere als Vertretungslehrer begann also mit einem fünfmonatigen Einsatz in Harburg. Die Schule zeichnete sich damals durch einen sehr hohen Migrantenanteil aus. Ich unterrichtete zum Beispiel in einem zwölften Jahrgang einen Geschichtskurs mit 29 Schülern, von denen nur wenige keinen Migrationshintergrund hatten. Im Kurs saßen neben vielen türkischen vor allem afghanische und russisch(stämmig)e Schüler. Dies traf auch auf einen Französisch-Grundkurs im zwölften Jahrgang mit knapp 25 Schülern zu. Darüber hinaus unterrichtete ich noch einen elften Jahrgang in Französisch und einen 13. Jahrgang in Geschichte – in diesem Kurs saßen mehrere Abiturienten. Die Themen stellte ich. Das Abitur abnehmen sollte ich wiederum nicht.

› Gymnasium, Hamburg

Nach einer zweimonatigen Durststrecke wurde ich erneut angerufen. Von Ostern bis zu den Sommerferien sollte ich an einem Gymnasium in Wandsbek zwei Klassen in Französisch unterrichten. Ein Siebenstundendeputat. Ich bekam eine chaotische zehnte Klasse, in der sich kurz zuvor Schüler eine Pizza in den Unterricht hatten liefern lassen und diese Pizza irgendwann verkehrt herum auf dem Tisch eines Schülers landete, und eine äußerst liebenswerte achte Klasse, in der neun Mädchen und ein Junge unbedingt Französisch lernen wollten. Der Zufall wollte es, dass ich ausgerechnet in diesen drei Monaten heiratete. Ich war also nicht nur der Neue, sondern auch der, der kurz nach seinem Erscheinen nicht mehr Herr Saß, sondern Herr Ulbricht hieß.

› Gymnasium, Hamburg

In diesem Fall rief man mich wieder kurz nach dem Ende der Sommerferien an. Meine neue Einsatzschule lag mitten in Altona. Beim Schulgebäude handelte es sich um ein märchenhaft schönes Gebäude aus der Kaiserzeit. Fatih Akin, den ich verehre, hat hier sein Abitur abgelegt. Da ich zuvor schon an einer Privatschule (s. u.) unterschrieben hatte, handelte ich meinen Arbeitsumfang auf fünf Stunden herunter. Aber die fünf Stunden hatten es in sich, da es sich bei einem der beiden Kurse um einen Abiturkurs handelte. Die Migrantendichte an dieser Schule war hoch, wenn auch nicht so extrem wie in Harburg.

› Abendgymnasium, Hamburg

Diese Schule nimmt eine Sonderstellung ein. Es handelt sich nämlich bei ihr um eine Privatschule. Ich war ausschließlich am Abendgymnasium eingesetzt. Ich musste mich auf diese Stelle bewerben und wurde zu einem Bewerbungsgespräch eingeladen. Heute ist dies auch an staatlichen Schulen in der Regel üblich. (Damals wurde man nach Fächerkombination und nach Abschlussnote Schulen einfach zugeteilt. Solche Lehrer haben in ihrem ganzen Leben nie ein Bewerbungsgespräch führen müssen.) Die Lehrkräfte an der Abendschule glichen einer verschworenen Gemeinschaft. Schließlich begann man seine Arbeit erst um 18 Uhr und unterschied sich allein dadurch vom Klischeelehrer. Die letzte Stunde hörte um 22:10 Uhr auf. An der Abendschule mussten die Schüler Französisch, Spanisch oder Latein als mündliches Prüfungsfach wählen. Geschichte und Bio waren Leistungskurse. Ich war an dieser Schule also erstens Leistungskurslehrer und bereitete zweitens Schüler auf das mündliche Abitur vor (das ich auch abnehmen sollte). Manchmal saß ich mit einer einzigen Schülerin allein im Raum und machte drei Schulstunden Französisch. Im Geschichts-LK war die Klassenstärke wiederum normal. Die Situation wurde allerdings in meinem zweiten Jahr – an dieser Schule war ich fest angestellt und bezog zwar weniger Gehalt als ein Beamter, bekam dafür aber eine Gans zu Weihnachten – ungemütlich, weil eine andere Privatschule hatte schließen müssen. Die Schüler landeten alle bei uns.

Übrigens ist mir gefühlte siebenhundertmal gesagt worden, dass es ja toll sein müsse, an einer Abendschule zu unterrichten, denn: Da kämen die Schüler ja freiwillig und seien deshalb motiviert. Das ist leider großer Blödsinn und wird in der Regel von denjenigen verbreitet, die noch nie an einer solchen Schule unterrichtet haben. Man hat zum Beispiel durchaus Schüler, die am Abendgymnasium ihr Abitur nachholen möchten, weil sie es an einer staatlichen Schule zuvor nicht geschafft hatten. Oft waren Disziplinunregelmäßigkeiten der Grund dafür. Solche Schüler denken dann, dass man sich an einer privaten Schule das Abitur kaufen kann. Und so verhalten sie sich auch. Andere kommen, weil sie so ihre Aufenthaltsgenehmigung verlängert bekommen. Interesse am Unterricht? Nicht vorhanden.

Aber: Natürlich gibt es auch Schüler, die es wirklich noch mal wissen wollen. Mit diesen Schülern kann man toll arbeiten. Und menschlich begegnet man sich auf Augenhöhe. Schließlich verstehen viele von ihnen von den Unwägbarkeiten der modernen Arbeitswelt wesentlich mehr als man selbst. Und wie soll man der Mutter mit vier Kindern bitteschön nicht auf Augenhöhe begegnen?

Die Arbeit am Abendgymnasium gehörte zum Abenteuerlichsten, was ich in meiner Lehrerlaufbahn habe erleben dürfen. Dass ich diese Schule verlassen habe, lag an meiner Frau, für die sich in Berlin eine bessere berufliche Perspektive aufgetan hatte.

› Gymnasium, Berlin

In meinen ersten Berliner Monaten pendelte ich noch nach Hamburg. Meine Frau war im Januar nach Berlin gezogen, ich selbst zog mit unserem Sohn Anfang März hinterher, radelte mit ihm auf dem Fahrradsitz durchs Brandenburger Tor, und fuhr mit dem ICE in den folgenden Monaten einmal pro Woche nach Hamburg, um meinen Abiturienten selbst noch das Abitur abnehmen zu können.

Dann machte ich ein komplettes Jahr Pause und kümmerte mich um unseren Sohn und ab dem dritten Lebensmonat um unsere Tochter, weil meine Frau wieder Vollzeit zu arbeiten begann. Es war ein schönes, entspanntes Jahr (auch, weil die Kinder gesund blieben).

Zu unterrichten begann ich mit der üblichen Verzögerung kurz nach den Sommerferien an einem Gymnasium in Tempelhof mit Einzugsgebiet Kreuzberg. Ich übernahm eine neunte Klasse, die als schwierig galt (in der ich aber nie Schwierigkeiten hatte), und eine halbe siebte Klasse, die nicht als schwierig galt (in der ich aber dauernd Schwierigkeiten hatte), in Französisch. Und einen Grundkurs bestehend aus sieben Schülern hatte ich auch noch. Vier von den sieben Schülern machten ein Einserabitur.

Ich hätte an dieser Schule ein Jahr länger bleiben können. Und ich wäre auch geblieben. Aber es sollte anders kommen: Meine Frau bekam ein für sie vielversprechend klingendes Angebot in Wuppertal. Dort zog sie im Mai 2009 hin. Ich blieb mit den Kindern, meine Tochter wurde im Mai 2009 zwei Jahre alt, mein Sohn war fünf, in Berlin. Erst Ende August zog ich endgültig hinterher. Hamburg – Berlin – Wuppertal! Meine ersten Schüler in Wuppertal sagten, als ich es ihnen erzählte: »Was für ein Abstieg!«

> ## Gymnasium, Nordrhein-Westfalen

Da Hamburg und Berlin die Lehrer unter den Städten sind – jeder Mensch hat zu ihnen eine Meinung – aber Wuppertal eher vergleichbar ist mit dem Beruf eines Naturwerksteinmechanikers, beginne ich mit einigen Anmerkungen zu diesem Städtchen, dessen Bewohnern und meinen ersten Monaten in der neuen Umgebung.

Wuppertal hat erstaunliche 350.000 Einwohner, aber da viele Städte in unmittelbarer Nähe mehr Einwohner haben (Köln, Düsseldorf, Dortmund, Essen), kommt einem Wuppertal dann doch irgendwie wie eine Kleinstadt vor. Dieser Eindruck verschärft sich dadurch, dass Wuppertal eigentlich aus mehreren Kleinstädten besteht. Barmen und Elberfeld haben zum Beispiel komplett eigene Fußgängerzonen und nicht wirklich viel miteinander zu tun.

In Wuppertal gibt es bedauerlicherweise nur zwei Kinos und einen Bahnhof, der erstens klein und zweitens derart trostlos ist, dass man aus einem Zug am liebsten gar nicht erst aussteigen möchte. Wenn die ICEs Wuppertal ohne anzuhalten passieren würden, würden sich wahrscheinlich selbst die Wuppertaler nicht wundern.

Spektakulär und wirklich toll ist vor allem die Schwebebahn, die im Fünfminutentakt fährt, das Tanztheater *Pina Bausch,* das *Bücherschiff* (die hiesige Kinderbibliothek), und die vielen Hügel, die der Grund dafür sind, dass sich Wuppertal nicht ganz unbescheiden auch gern das San Francisco Deutschlands nennt.

In Wuppertal musste ich mich zunächst an viele Dinge gewöhnen. Zum Beispiel daran, dass wir in einem Haus wohnten, in dem von zehn Erwachsenen acht ein Auto hatten. Nur meine Frau und ich nicht. Das war, sagen wir einfach mal: merkwürdig für uns. Zumal ich vom Arbeitszimmer aus auf die Straße guckte und zunächst höchst erstaunt war, dass unsere Mitbewohner sich ständig ins Auto setzten und irgendwohin fuhren. In den ersten Wochen dachte ich noch, ich hätte Halluzinationen, weil dieselben Mitbewohner nicht selten zehn Minuten später aus demselben Automobil wieder ausstiegen. Hin und wieder mit einer Brötchentüte in der Hand. Ich glaube auch heute noch, dass die meisten unserer Mitbewohner noch nie mit der Schwebebahn gefahren sind oder unsere Straße wenigstens einmal in ihrem Leben vom einen zum anderen Ende abgegangen sind. (Das sind ca. achthundert Meter.) In Berlin und auch in Hamburg fuhren die meisten Nachbarn mit dem Bus oder der U-Bahn zur Arbeit. Manche unserer Berliner Freunde hatten gar keinen Führerschein oder sind nach der Fahrprüfung nie wieder Auto gefahren. In Berlin lernte ich die Muttis kennen, weil ich nach dem Kindergarten oder nach den PEKIP-Kursen mit ihnen nach Hause schlenderte. In Wuppertal lernte ich zunächst niemanden kennen, weil die Kinder ganz grundsätzlich sowohl zum Kindergarten als auch zur Schule und zum Turnen (am besten gleich in Sportkleidung) gebracht und natürlich auch wieder von dort mit dem Auto abgeholt worden sind. Zur Grundschule meines Sohnes, die mitten in einem Wohngebiet liegt, werden selbst viele Viertklässler noch hinchauffiert und selbstverständlich wieder abgeholt und … aber lassen wir das.

Dafür sind die Wuppertaler angenehm entspannt. Zum Beispiel schicken die Eltern ihre Kinder hier einfach auf die nächstgelegene Grundschule, selbst wenn es dort ein paar Migranten gibt. Die weltoffenen Hamburger und die so unglaublich alternativen Berliner lassen ihre Kinder lieber katholisch zwangstaufen und schicken sie anschließend auf eine weit entfernte Schule, damit die Kinder bloß nicht auf eine Schule mit einem Türken drin kommen und dort verdorben werden. (Wenn der nichtdeutsche Anteil in einer Klasse bei über fünfzig Prozent liegt, verstehe ich die Sorgen übrigens. Aber sonst nicht.) Man kann in

Wuppertal in alle Cafés gehen und ist nicht underdressed, obwohl man kein Ralph-Lauren-Poloshirt trägt, und man kann Straßen entlanggehen, ohne von Muttis in rosa Hilfiger-Hemden, die einen Bugaboo schieben, umgefahren zu werden. Ich hätte nie gedacht, dass mich diese Art der Bescheidenheit derart verzücken könnte.

Ich fing mit unglaublicher Verzögerung erst im November an zu unterrichten. Es war meine längste Durststrecke. Und der Kampf mit der Schulbehörde zog sich ebenfalls in die Länge. Fast hätte ich das Lehrersein aufgegeben, um mich so vor Telefonaten und E-Mail-Wechseln mit der Behörde zu retten.

In Wuppertal begann ich an einem vierzügigen Gymnasium, das gerade renoviert wurde. (Ich unterrichtete zum Teil in Containern.) Ich bekam drei zehnte und eine neunte Klasse in Geschichte und einen elften Jahrgang, ebenfalls in Geschichte. Die Klassen waren riesig. Dreißig Schüler saßen mir gegenüber. Aber ich war besser geworden und schrieb gleich am ersten Tag alle Schüler auf, die zu spät kamen, schnauzte sie angemessen an, und hatte in den folgenden Monaten – der Einsatz dauerte bloß drei Monate – nie Probleme.

Wie sehr selbst ein solcher Kurzeinsatz ein Lehrerleben prägen kann, erfuhr ich drei Jahre nach meinem Einsatz im September 2012. Ich hörte davon, dass ein Schüler dieser Schule auf einer Klassenfahrt ums Leben gekommen sei. Diese Nachricht verstörte mich, als wäre ich noch immer Teil des Kollegiums gewesen.

› Berufskolleg, Nordrhein-Westfalen

Auf dem Weg zum oder vom Auto stand eines Tages einer unserer Mitbewohner vor der Tür: Ob ich Lust hätte, an seiner Schule, einem Berufskolleg, vier Stunden Französisch zu unterrichten? Warum nicht, dachte ich. Ich hatte zu dem Zeitpunkt nichts. Aus den vier Stunden wurden zwölf, und abgesehen von einer dreiwöchigen Pause, in der kein Vertrag vorlag, blieb es dabei, bis ich zwei Jahre später an dieser Schule fest übernommen worden bin.

Berufskolleg: Das war ein neues Universum für mich. Wenn man Lehrer fragte, was sie unterrichteten, dann sagten sie: »Ich bin bei den Friseuren.« Oder: »Ich bin beim Holz.« Oder: »Ich bin bei den Gestaltern.« Was man nie hörte, war: »Ich unterrichte Französisch.« Und man hörte auch nie: »Ich unterrichte Geschichte.« Das tat nur ich. Geschichte/Gesellschaftskunde war das Fach, das Geschichte am ähnlichsten war. (Unterrichtet wird vor allem Politik.)

Das Berufskolleg hat durchaus Vorzüge. Wenn man im elften Jahrgang eine Klasse in Französisch übernimmt, dann behält man die Klasse bis zum Abitur. Manche Schüler haben dann jedes einzelne französische Wort, das sie nach den drei Jahren sprechen können, von mir gelernt. Und wenn sie sich unterhalten können – dann habe *ich* es ihnen beigebracht. Aber Französisch ist kein Hauptfach am Berufskolleg. Entsprechend gering ist die Motivation vieler Schüler. Einige können auch nach drei Jahren nicht viel mehr als »Oui« und »Merci« und »Je suis … je suis … twenty …«[24] auf Französisch sagen. Das ist allein deshalb frustrierend, weil dann auch *ich* derjenige bin, der es nicht geschafft hat, ihnen etwas beizubringen.

Traditionellen Geschichtsunterricht macht man nur in einem einzigen Bildungsgang im zwölften Jahrgang. Das ist unbefriedigend. Aber: Man hat immer die Zeit und Möglichkeit, ausgiebig aktuelle Themen zu diskutieren. Das wiederum ist der Vorteil.

Die Schüler, die Sportabitur machen, unterscheiden sich in der elften Klasse kaum vom herkömmlichen Neuntklässler. Vor allem die Jungs sind erschreckend pubertär. Das ist vor allem dann anstrengend, wenn man wie ich diese Schüler zu Beginn behandelt wie normale Oberstufenschüler. Dann geht es einem so, wie es mir als Referendar in der achten Klasse ging, als ich den Schülern andeutete, ich sehe das nicht so eng mit vergessenen Hausaufgaben.

Horror(stunden)

› Hamburg

Es ist die Stunde nach der Klausur. Wenn man als Lehrer einen Klassenraum betritt, in dem 29 Schüler sitzen, von denen die jüngsten siebzehn, die meisten achtzehn und viele neunzehn Jahre alt sind und von denen über zwanzig einen Migrationshintergrund haben (in diesem Kurs gibt es eine Afghanistan-, eine Türkei- und eine Russlandfraktion), dann ist man in der Regel unruhig. Wenn nicht gar ängstlich. Ich bin weder das eine noch das andere. Das liegt nicht daran, dass ich so sagenhaft viel Erfahrung habe – dieses Gymnasium ist meine erste Schule nach

---

24 Richtig heißt es: »J'ai vingt ans.«

dem Referendariat – und noch weniger liegt es daran, dass ich als eine Art Fels in der Brandung geboren bin und mich mit solch weibischen Gefühlen nicht herumplage. Nein. Es liegt daran, dass ich in diesem Kurs noch nie wirklich Probleme gehabt habe. Die Schüler kommen manchmal zu spät. Im Kino ist bei *Der Untergang* gelacht worden, als Adolf seiner Eva einen Kuss gegeben hat. Das war pubertär. Und als am Ende der Hinweis kam, dass sechs Millionen Juden während des Dritten Reichs ermordet worden seien, hat ein Schüler applaudiert, was dumm und beschämend war.

Das ändert aber nichts daran, dass die Schüler dieses Kurses unglaublich nett und charmant sind. Na ja, abgesehen von Mehmet, der in der Regel mit dem breitesten Grinsen, das ich bis dahin gesehen habe, und betont lässiger Attitüde regelmäßig zu spät zum Unterricht kommt. Auch heute kommt er zu spät. Das ist vor allem deshalb frech, weil es die erste Stunde nach der Klausur ist. Nach der Klausur, die er nicht mitgeschrieben hat.

»Mehmet, Ihr ärztliches Attest!?«

Mehmet grinst noch breiter und zückt seine AOK-Karte. Er wedelt mit ihr – genauer: mit den beiden Hälften der säuberlich durchgetrennten Karte – vor meiner Nase und sagt:»Habe kein Attest, meine Karte ist zerbrochen.«

Was Mehmet nicht weiß ist, dass im Mitteilungsbuch im Lehrerzimmer bereits ein Kommentar zu seiner durchgeschnittenen Karte steht. Man solle ihm nicht glauben. Man habe schon beim Arzt angerufen. Natürlich werde ein kranker Schüler behandelt, auch wenn seine Karte beschädigt sei.

Ich erzähle es ihm. Er grinst immer noch. Ich erzähle es ihm erneut, dieses Mal lauter. Er steht da und sagt nichts. Zuckt mit den Schultern und wiederholt, dass er kein Attest habe und verweist erneut auf die Karte. Daraufhin brülle ich ihn an. Immer lauter schreie ich. Die anderen staunen. So kennen sie mich nicht. Mehmet guckt nicht mehr so frech. Er hat sich an die Tafel gelehnt und sagt mit ruhiger Stimme, während er mir in die Augen schaut:»Schreien Sie mich nicht an.«

»DOCH DAS TUE ICH!«

In der Tat brülle ich weiter. Mehmet wird immer ruhiger. Ich merke, wie ich den Zweikampf, und genau dazu hat sich das *Gespräch* entwickelt, verliere. Zuerst habe ich falsch agiert, dann kann ich nicht damit umgehen, dass der Schüler nicht so reagiert, wie ich erwartet

habe. Noch immer steht er da. Mit unbeweglicher Miene. Er zischt:
»Schreien Sie mich nicht an.«

Mein Herz rast inzwischen. Ich zische zurück.

»Setzen Sie sich.«

Er setzt sich hin. Und er weiß wohl genauso gut wie ich, dass er gewonnen hat. Schlimmer ist, dass die Schüler es ebenfalls wissen.

In den folgenden Nächten kann ich nicht schlafen. Einmal träume ich sogar von Mehmet. Dann habe ich wieder Unterricht in der Klasse. Ich nehme Mehmet raus, wir setzen uns auf die Treppe und unterhalten uns. Ganz ruhig. Anschließend verstehen wir uns besser. Zur nächsten Klausur kommt er pünktlich (und schreibt einen Punkt).

Schon im Referendariat habe ich versucht mich durchzusetzen, indem ich gebrüllt habe. Wenn man pro Halbjahr ein einziges Mal brüllt, kann die Wirkung phänomenal sein. Wenn man pro Halbjahr achtmal brüllt, dann zucken die Schüler irgendwann bloß noch die Achseln. Ich habe es bis heute nicht geschafft, mir das Brüllen abzugewöhnen. Es ist seltener geworden. Immerhin. (Das zweite Referendariatsjahr war bis heute das einzige Jahr, in dem ich ohne Brüllen ausgekommen bin. Wenn ich in den Klassen, die ich in diesem Jahr gehabt habe, gebrüllt hätte, hätte ich mich allerdings auch nach einem Bürojob in einer Behörde umschauen müssen.)

Brüllen ist auch deshalb so zermürbend, weil es eine Form des punktuellen Scheiterns ist. Man findet in einer bestimmten Situation keine andere Lösung als zu brüllen. Als sich selbst enorm zu stressen. Mich hat es jedenfalls immer selbst fürchterlich gestresst, wenn ich gebrüllt habe.

Es stresst mich heute noch.

Weitere Brüllgeschichten? Na gut.

› Nordrhein-Westfalen

Der Unterricht hat begonnen. Die Schüler sollen beginnen, eine Aufgabe zu bearbeiten. Klaus denkt gar nicht daran, irgendwomit zu beginnen.

»Klaus, holen Sie bitte Ihr Buch raus.«

»Ist ja schon gut.«

»Nein, ist nicht gut. Die anderen haben längst begonnen und Sie …«

»Ja ja ja.«

»Nicht Ja Ja Ja. Holen Sie jetzt endlich Ihr Buch und Ihr Heft raus und schlagen Sie das Buch auf. Sie wollen von mir eine Vier haben und schaffen es nicht mal, Ihr …«

»Ja ja ja, ist ja schon gut, Sie müssen ja nicht gleich weinen.«
Pause. Habe ich richtig gehört? Ja, so unverschämt, wie er mich anguckt, hat er genau das gesagt, was ich gehört habe. Dazu fällt mir nur ein:»RAUS!«
Es ist nicht wirklich so, dass ich in dieser Stunde rumgebrüllt hätte. Es ist bloß ein einziger Schrei, den ich ausgestoßen habe. Ein Schrei, der dem Schüler seine Grenzen aufzeigen soll. Ein Schrei, der mir fast die Stimmbänder zerreißt. Ein Schrei, mit dem ich nichts erreiche. Ein Schrei, der Sinnbild meiner Verzweiflung in diesem Moment ist. Ein sinnloser Schrei. Und über diese Sinnlosigkeit werde ich noch lange nachdenken.

Der Schüler bleibt ruhig und sagt:»Okay. Und tragen Sie mich als krank ein. Ich muss jetzt zum Arzt. Von Ihrem Gebrüll habe ich einen Tinnitus bekommen.«

> ## Nordrhein-Westfalen

Ich führe ein Grammatikkapitel ein. Die ganze Klasse redet. Denn wenn Angela etwas nicht verstanden hat, fragt sie sofort Julia, die neben ihr sitzt. Anstatt zuzuhören. Das machen eigentlich alle Schüler so. Mit Ausnahme von Johannes und Jonathan. Die interessiert das eh nicht. Sie spielen mit ihren Handys. Ich sage, sie sollen die Handys weglegen. Sie gucken genervt, gehorchen aber.

»Jetzt sind mal alle ruhig! Ich erkläre es noch einmal! Nach einer Zahl, zum Beispiel nach *six,* da muss man kein *de* setzen, weil eine Zahl wie ein Artikel verwendet wird …«

Gemurmel. Plötzlich reden wieder alle. 24 Schüler. Ich habe mal gelesen, dass sich Unterricht in einer lauten Klasse anfühle, als säße man an einer Autobahn. Genauso fühle ich mich gerade. Vor allem fühle ich mich, als spräche ich mit Autos. Ein erneuter Appell an die Schüler:»Kommen Sie, Sie verstehen es am besten, wenn Sie jetzt einfach mal zuhören!«

Die Schüler gucken mich an.

»Im Deutschen heißt es: Fünf Kilo Tomaten. Und im Französischen heißt es, *cinq kilos de tomates!* Was fällt Ihnen auf?«

Ich schreibe es an und zeige auf die Leerstelle zwischen Kilo und Tomaten. Niemandem fällt irgendetwas auf. Deshalb unterstreiche ich das *de* in der französischen Version und zeige erneut auf die Leerstelle zwischen Kilo und Tomaten in der deutschen Version.

Christoph meldet sich. Christoph hat schon ein paar Jahre Französisch gehabt, bevor er ans Berufskolleg gekommen ist. Schließlich nehme ich ihn dran. Er erklärt es. Ich will seine Erklärung aufgreifen, aber inzwischen reden wieder alle. Und Johannes und Jonathan gucken aufs Display ihrer Handys. Ich habe keine Kraft mehr. Ich spüre, dass mir die Stunde entgleitet. Dass sie mir längst entglitten ist. In dieser Situation kann ich in einer siebten Stunde machen, was ich will. Vielleicht haben andere Lehrer die Lösung, wie man Schülern, für die Französisch ein Nebenfach ist, in den Randstunden motivieren kann. Ich habe die Lösung nicht. Inken, eine Zweierkandidatin, meldet sich: »Herr Ulbricht, ich habe eine Frage.« Immerhin. Jemand hat eine Frage. Das heißt: Jemand befasst sich mit den französischen Mengenangaben. Die Frage lautet: »Aber nach einer Zahl, nach *trois* zum Beispiel, da kommt doch auch ein *de* hin, das ist doch auch eine Mengenangabe, oder?«

Ich sage, und jeder Schüler hört mir den resignierenden Tonfall an: »Das habe ich doch gerade schon erklärt.«

»Haben Sie nicht!«

Ich kann nicht mehr. Diese Schüler wollen Abitur machen und begreifen die simpelsten Grammatikkapitel nicht. Am liebsten würde ich einfach meine Jacke nehmen, wortlos gehen, in einen Zug steigen, nach Paris fahren und dort bleiben. Ich schaue mich um. Die leistungsstarken Schüler quatschen auch. Ohne Unterlass. Ich höre die Wörter Schalke 04, Elfmeter und Huntelaar.

»Klaus, seien Sie still und hören Sie mir zu!«

»Was habe ich denn gesagt?«

Was er gesagt hat? Nun, er hat gerade über einen Elfmeter von Huntelaar diskutiert. Aber was bringt es, ihn darauf hinzuweisen? So beleidigt, wie er mich anschaut, scheint er wirklich zu denken, dass er nichts gesagt hat. Oder er empfindet es als Frechheit, dass ich ihn bei seiner Unterhaltung gestört habe. Oder was weiß ich, was er gerade denkt. Auch Melanie quatscht und quatscht und quatscht. Wenn ich jetzt nicht an irgendjemandem meinen Frust ablasse, wird mich der Frust von innen zerfressen. Melanie steht auf einer Fünf … und sie picke ich mir heraus aus dem lärmenden Klassenkollektiv. Ich mache sie fertig. Vollkommen zur Sau. Vor der ganzen Klasse. Sie fängt fast an zu weinen und murmelt, dass Sascha doch auch geredet habe. »Der kann sich das leisten, der steht auf einer Zwei!«

Anschließend sind die Schüler ruhig, aber mir geht es auch nicht besser als vorher. Durch das Gebrüll habe ich einen Großteil meiner

Munition verpulvert. Schon bald wird es niemanden mehr interessieren, wenn ich brülle. Vor allem Melanie scheint es aber noch wesentlich schlechter zu gehen als mir. Auf der Rückfahrt im Bus geht mir Melanies trauriges Gesicht nicht aus dem Kopf. Dieser verzweifelte Blick. Und ich? Ich bin verzweifelter als während des Unterrichts. Und diese Verzweiflung hält an. Warum habe ich gesagt, dass ein guter Schüler den Unterricht stören darf? Bin ich inzwischen selbst zu einem Auto geworden? Und warum habe ich mir das schwächste Glied in der Kette ausgesucht, um dort zuzuschlagen? Wie feige bin ich eigentlich? Und wie geht es Melanie wohl? Ich hole meinen Sohn von der Schule und meine Tochter vom Kindergarten ab. Sie quatschen auch die ganze Zeit. Der Sohn erzählt davon, was er heute in Mathe gelernt habe. Die Tochter sagt, dass ein Mädchen *eingepullert* habe. Ich freue mich eigentlich immer, wenn sie das Wort *einpullern* benutzt. Es ist das einzige sprachliche Überbleibsel aus der Berliner Zeit. Aber heute freue ich mich nicht. Ich freue mich über gar nichts. Zu Hause schicke ich die Kinder ins Kinderzimmer.

»Spielt was«, sage ich.

»Was denn?«, fragen sie.

»Irgendwas halt«, sage ich.

Als sie beginnen zu quengeln, schnauze ich sie an, obwohl sie wirklich nichts Böses getan haben. Dann verkrieche ich mich ins Arbeitszimmer und schreibe einen Brief an Melanie, in dem ich mich bei ihr persönlich entschuldige. In den Umschlag stecke ich eine Tafel Schokolade. Aber besser geht es mir erst, als ich von ihr ein paar Tage später ein strahlendes »Danke« höre. Sie freut sich wirklich.

Das ganze Wochenende hatte ich an Melanie und an mein bescheuertes, falsches und unfaires Verhalten gedacht. Wenn mich an diesem Wochenende jemand angesprochen hätte, wie schön doch der Lehrerberuf sei, wegen der vielen Freizeit und so, dann hätte ich ihm in die Fresse geschlagen. Jawohl, das hätte ich getan.

> ### Berlin

Ich teile mir die siebte Klasse mit einer Referendarin. Sie hat die eine, ich die andere Hälfte – zusammen 31 Schüler. In der Regel rufen wir uns an, wenn einer von uns nicht kann. Aber eigentlich können wir immer.

Als ich an die Schule komme, sitzt nicht bloß meine Hälfte, sondern die gesamte Klasse im Raum. Puh.

Frau Schneider sei krank, wird mir zugerufen.

Warum hat sie mich denn nicht angerufen, denke ich. Dann hätte ich mich darauf vorbereiten können, Unterricht mit der gesamten Klasse zu machen. Wir sind nicht gleich weit. Das heißt, dass ich mit meiner Vorbereitung ihre Schüler entweder unter- oder überfordere. In einer siebten Klasse mit 31 Schülern geht weder das eine noch das andere.

Es ist normalerweise nicht so, dass die Schüler dir aus der Hand fressen. Das Gegenteil ist der Fall: Wenn sich ihnen eine Gelegenheit bietet, dann fressen sie dich auf. Die Hälfte der Klasse freut sich über Vertretungsunterricht. Dann muss man ja nichts tun. Die andere Hälfte freut sich darüber, dass ich auch die anderen habe. Dann spiele ich bestimmt was. Ich mache aber Unterricht. Ich bin nicht so der Spieletyp, obwohl ich genau in dieser Situation jetzt gern ein Ass in Form eines attraktiven, lustigen Spiels im Ärmel hätte, das ich zücken könnte. Ich habe aber gar nichts im Ärmel. Der Unterricht ist Horror. Nichts funktioniert. Meine Schüler gehorchen nicht. Sie spielen sich auf. Botschaft an ihre Mitschüler: Mit unserem Französischlehrer, mit dem können wir machen, was wir wollen. Und die Schülerinnen aus der anderen Klasse? Die sind frech! Geradezu unverschämt. Als ich einer Schülerin sage, dass sie jetzt endlich anfangen solle, sagt sie: »Ja ja … aber ich kann gar nicht anfangen, habe mein Heft nicht dabei.«

Ich war schon gereizt, nun drehe ich aber durch. Vollkommen. Hätte man mich gefilmt, hätte mich jeder für einen Klaus Kinski-Imitator gehalten.

Meine Kollegin sagt später, die Schülerin habe ihr erzählt, ich hätte beim Brüllen hyperventiliert und am ganzen Körper gezittert.

Immerhin: Mit meiner Klasse kommt es nach dieser Katastrophenstunde zu einer langen Aussprache. Anschließend verleben wir wundervolle Monate.

Übrigens sind Vertretungsstunden fast immer entsetzlich.

› Berlin

An der Schule gibt es natürlich auch türkische Schüler, die jedes Klischee erfüllen und die wirken, als hätten sie für Sarrazin Modell gestanden. Eine achte Klasse hat den Ruf, nur aus solchen Türken zu bestehen. Eltern haben bereits begonnen, ihre Kinder aus dieser Klasse herauszunehmen. Der Super-GAU für jede Schule. (Aber die Lehrer, die jetzt gönnerhaft grinsen und über die Unfähigkeit Berliner Bildungspolitik spotten, sollen sich überlegen, ob es an ihrem *Gymnasium* solche Klassen gibt.)

Ich habe Vertretungsunterricht in dieser Klasse. Ich betrete den Raum. Ein Achtklässler ist im Sitzen größer als ich im Stehen. Und ich werde von meiner Umgebung keineswegs als kleinwüchsig wahrgenommen (mit meinen 181 cm Körpergröße). Und er ist zweimal so breit. Dass das an seiner weißen Daunenjacke liegt, spielt dabei keine Rolle. Ein anderer begrüßt mich mit einem krakeelenden »Bonjour«. Es scheint sich herumgesprochen zu haben, dass ich Französisch unterrichte. Er, Basecap, Klischeegoldkette, ausrasierter Nacken, lässt sich feiern für sein Bonjour. (Ich treffe ihn später in der U-Bahn. Meine Kollegin, Referendarin, 160 cm, versteht sich prächtig mit ihm. Sie möge solche Jungs, sagt sie.) Es ist kurz vor Weihnachten. Ich riskiere es und nehme die Klasse ernst. Die Schüler dürfen Kerzen anzünden. Die Kerzen brennen keine fünf Minuten, als die ersten Schüler beginnen zu kokeln. Neues Kommando: »Kerzen sofort aus!«

Einige Schüler pusten so stark, dass sich das Wachs über den Tisch ausbreitet.

Der Goldkettentürke ist, während ich kontrolliere, dass das Wachs entfernt wird, schon wieder dabei, die Kerzen mit seinem eigenen Feuerzeug anzuzünden. Ich drehe mal wieder durch und kann drei Tage lang nicht schlafen. Dabei hat es sich nur um eine Vertretungsstunde gehandelt.

Dieses Mal waren es übrigens explizit Schüler mit türkischem Migrationshintergrund. Und natürlich gibt es hin und wieder auch an Gymnasien Probleme mit türkischen oder arabischen Schülern, die man nur hat, weil die Schüler einen türkischen oder arabischen Migrationshintergrund haben. Zum Beispiel komme ich nicht darum herum, nun von Murat zu erzählen.

› Hamburg

Der Geschichts-Kurs im zwölften Jahrgang ist nett. Einige Schüler sind ein wenig faul. Einige Mädchen – in Geschichtskursen sind es meistens die Mädchen – interessieren sich nicht für Geschichte. Ein Junge ist hippelig und will ständig über Fußball reden, aber eigentlich ist er ein angenehmer Kerl, mit dem man sich auch nach dem Unterricht gern unterhält. Eine Türkin, die darauf Wert legt, dass sie Kurdin ist, sitzt neben einer Türkin, die Wert darauf legt, dass sie keine Kurdin ist, die sich aber bestens mit ihrer kurdischen Nachbarin versteht. Der Russe ist superehrgeizig, aber ein witziger Schüler, der es einem nicht übel nimmt, wenn man seine grammatikalischen Fantasiekonstruktionen an die Tafel schreibt. Und Murat hat stets ein Lächeln auf dem Gesicht.

Er ist immer gut gelaunt. Er macht irgendeinen Kampfsport und ist begeistert, als er hört, dass ich lange Tae-Kwon-Do gemacht habe.

Die Stimmung im Kurs ist: gut!

An einem harmlosen Dienstag betrete ich ohne Böses zu ahnen den Klassenraum, und die Klasse freut sich. Denn ich schiebe den Medienturm vor mir her. Schüler mögen es, wenn die Lehrer Filme zeigen. Nicht so sehr, weil sie sich auf die Filme freuen, sondern weil sie davon ausgehen, die Sache mit dem Recht auf Bildung mal wieder ein wenig schleifen lassen und vor sich hindösen zu können.

Ich begrüße die Schüler. Die Stimmung ist wie immer heiter. Dann spule ich die Videokassette (die inzwischen auch vom Aussterben bedroht ist) zurück. Allerdings habe ich zu weit gespult. Und dass dies ein Fehler war … im Traum hätte ich nicht daran gedacht. Denn als ich die Playtaste drücke, läuft nicht die Sendung, die ich zeigen wollte, sondern eine Dokumentation über den von den Türken verübten Völkermord an den Armeniern.

Plötzlich höre ich jemanden brüllen: »Das … das … das stimmt nicht!«

Verwirrt drehe ich mich um. In diesem Kurs habe noch nicht mal ich jemals gebrüllt, und das will schon was heißen. Ich gucke vollkommen irritiert … Murat an. Murat zittert am ganzen Körper. Wie ein Fanatiker, für den ich ihn nie gehalten hätte. Wild gestikulierend brüllt er noch immer. Ich weiß überhaupt nicht, wie mir geschieht, geschweige denn, wie ich reagieren soll.

»Mit den Armeniern, das war etwas ganz anderes! Das war doch kein Völkermord. Das ist eine … eine Lüge!«

Er sagt das nicht, er schreit es. Ein anderer Lehrer, ein pädagogisches Genie mit unendlichem Fachwissen, hätte seine Äußerungen vielleicht zum Anlass genommen, das Thema im Unterricht aufzugreifen. Ich bin aber weder ein pädagogisches Genie, noch weiß ich besonders viel zum Thema Armenien. Immerhin verliere ich nicht die Nerven. Ich mache eine beruhigende Geste mit den Händen, bitte den Schüler, sich zu beruhigen … und schließlich beruhigt er sich. Erst in diesem Moment merke ich, wie durchgeschwitzt ich bin. Und ich frage mich, was geschehen wäre, hätte sich der Schüler in seiner Wut auf mich gestürzt.

Schon in der nächsten Unterrichtsstunde ist Murat wieder der liebenswürdige Schüler, der er abgesehen von diesem Totalaussetzer immer gewesen ist.

› Exkurs: Notenvergabe

Soll man überhaupt benoten? Und wenn ja: Wie benotet man richtig? Geht das? Kann man wirklich ganz ehrlich sagen, dass Martina acht Punkte verdient hat, ihre Nachbarin Petra aber nur sieben Punkte? Lassen sich mündliche Wortbeiträge wirklich so umfassend analysieren, dass Ungerechtigkeiten ausgeschlossen werden können? Kann es nicht sein, dass man in der einen Stunde übersehen hat, dass sich Petra neunmal gemeldet, man sie aber nur einmal drangenommen hat? Und kann es nicht sein, dass Martina ihre großartige Hausaufgabe von Petra abgeschrieben hat? Waren meine Leistungen in Mathe in der Oberstufe nicht zum Beispiel nur so ordentlich, weil es mir fast immer gelungen ist, die unglaublich schweren Hausaufgaben zu lösen und auch vorzurechnen? Schüler, die mich gut kannten, zischten manchmal: Wie gut ist dein Bruder eigentlich in Mathe? Nun, er war damals herausragend und hatte in der gesamten Oberstufe im Mathe-LK nichts anderes als 15 Punkte geschrieben. Und heute, ein viertel Jahrhundert später, ist er Professor für Finanzmathematik. Hätten also diejenigen, die sich ohne Hilfe mit den Aufgaben gequält hatten, nicht die viel bessere Note verdient als ich? Natürlich. Und wie sieht es aus, wenn die Kommastellenfanatiker, die aus jedem Test eine Prozentnote machen, die dann mit sechzehn anderen Noten die Endnote ergibt, einem Schüler, der unverschämt faul ist, eine Zwei geben, weil er rechnerisch auf eine 2,49 gekommen ist, aber dem superfleißigen Schüler, der anderen Schülern nach dem Unterricht in der Pause hilft, wegen seiner 2,51 eine Drei? Ist das gerecht?

Sollte es nicht sogar eine offizielle Regel geben, dass Sozialkompetenz mit in die Endnoten einfließen darf beziehungsweise muss? Es wäre eine segensreiche Maßnahme. Denn wenn ein Schüler, der ständig zu spät kommt oder den Unterricht stört, weiß, dass sich sein Zuspätkommen oder Stören definitiv auf die Note auswirkt, wäre sowohl den Lehrern als auch dem Schüler geholfen. Langfristig werden sich Schüler dann überlegen, wie oft sie noch zu spät zum Unterricht erscheinen oder wann und in welchem Maße sie den Unterricht stören werden.

Und ist es gerecht, wenn die einen Eltern um einen Termin in der Schule bitten oder abends zu Hause anrufen und manchmal subtil, manchmal aber auch mit der Brechstange in der Hand versuchen, auf die Notengebung einzuwirken, während andere Eltern sich entweder nicht kümmern oder die Lehrer einfach ihren Job machen lassen? Fast alle Lehrer werden behaupten, dass sie sich grundsätzlich nicht unter

Druck setzen lassen. Ich behaupte jetzt einfach mal: Das stimmt nicht! Und das ist kein Vorwurf an die Lehrer. Vor allem finanzstarke Eltern in Karriereberufen können grauenhaft sein und jedes Maß verlieren, wenn es um die Noten der eigenen Kinder geht.

Notengeben ist Horror. Den Überfliegern gibt man gern eine Eins. Denjenigen, die erstens nichts können und zweitens dieses Nichts-können durch Nichtstun untermauern und dann noch stets den Unter-richt stören, denen würgt man gern eine Fünf (oder eine Sechs) rein. Aber was macht man mit all den anderen? Da wird es schwierig. Ein weiteres Problem ist die Selbsteinschätzung der Schüler.

› Hamburg

»Ich habe übrigens die Nachschreibeklausur nicht mitgeschrieben.«

»Warum nicht? Waren Sie krank?«

»Nö, aber was hätte das gebracht? Ich kann das nicht, ich war ja zwischendurch krank gewesen und habe den Stoff verpasst, dann hätte ich ja eh eine Sechs bekommen.«

Ich möchte dem Jungen, der bald Abitur zu machen gedenkt, gerade erklären, dass er erstens den Stoff nachholen muss und das mit meinem Standardargument[25] begründen und ihm zweitens erzählen, dass es eine Stunde gedauert hat, die Nachschreibeklausur zu konzipieren (was ein wenig übertrieben gewesen wäre) und dass ich ihn deshalb drittens fast schon unverschämt finde. Doch er kommt mir zuvor und zeigt, dass ihm jegliches Gefühl für Timing vollkommen abhanden gekommen zu sein scheint.

»Was habe ich eigentlich mündlich?«

»?«

»Was denn nun?«

»Also …«

»Ich denke, eine Zwei! Wenn ich sehe, dass Clara eine Zwei bekommen hat, dann habe ich ja wohl auch mindestens eine Zwei verdient. Wenn nicht gar eine Eins!«

Das ist nicht unbedingt Horror, aber Stress. Und wenn solche Dis-

---

25 Was mein Biolehrer im zwölften Jahrgang einst gesagt hatte, erzähle ich immer wieder: »Wenn Sie später Medizin studieren und in der Woche, in der das Thema Blinddarmentzündung durchgenommen wurde, gefehlt haben, was machen Sie dann, wenn Sie irgendwann Arzt sind? Nehmen Sie dem Patienten, wenn er eine Blinddarmentzündung hat, dann die Leber raus, weil Sie nichts nachgeholt haben?«

kussionen darin münden, dass die Eltern sich einschalten (was selbst bei volljährigen Schülern passiert), dann wird aus dem Stress schnell eine Situation, die an Horror grenzt. Und wenn die Eltern dann noch mit einem Anwalt drohen, kann der Horror plötzlich sogar grenzenlos sein.

Übrigens kann allein die Vergabe von Noten zum Horror werden. Oft weiß man nämlich, was auf einen zukommen wird, wenn man diesem oder jenem Schüler eine absolut berechtigte Fünf verpasst. Oder, und das kommt ebenfalls häufig vor, »nur« eine Zwei.

› Hamburg

In meinem Französischkurs an der Abendschule sitzen ausschließlich erwachsene Schüler. Zwei Frauen haben bereits ein Kind. Die Stimmung war immer exzellent. Dann schließt eine andere Abendschule, weil der Direktor gestorben ist.

Ich hatte damals nicht genau verstanden, wieso deshalb eine ganze Schule schließen musste. Aber der Direktor war wohl gleichzeitig so eine Art Mäzen der Schule gewesen, und er ist früh und plötzlich gestorben. Die Schüler dieser Schule überschwemmen unsere Schule. Der Schule ging es sowieso gut. Sie hat ihren Lehrern im Juli und Dezember *Boni* gezahlt. Nicht viel, aber prozentual mehr als der Staat (der allerdings höhere Gehälter zahlt). Nun erlebt die Schule einen regelrechten Boom. Eine Privatschule lebt davon, dass sich viele Schüler bei ihr anmelden.

Für die Stimmung in den Kursen war die Schülerschwemme trotzdem nicht hilfreich. Es gab neue Cliquen, die sich gebildet haben. Von einem Tag auf den anderen saß ich nicht mehr mit meinen Müttern zusammen, die brav die Hausaufgaben machten und sich entschuldigten, wenn sie zu spät zum Unterricht erschienen. Es kamen Jungs hinzu, die anders waren. Ein Junge ließ sich zum Beispiel nicht rauswerfen, obwohl er unverschämt war. »Ich zahle dafür, dass ich hier sitzen darf.«

Am Ende hat er einen Verweis bekommen. Wenn gar nichts mehr geht, geht das an einer Privatschule schneller, weil jeder Schüler einen Vertrag mit der Schule abgeschlossen hat – einerseits. Andererseits bekommt eine Privatschule viel Geld pro Schüler vom Land. Deshalb tut sie sich oft auch schwer mit solch radikalen Maßnahmen.

Die neuen Jungs in meiner Klasse kommen mit keiner meiner Schülerinnen zurecht. Auch die neuen Schüler sind eigentlich keine Jungs, sondern junge Männer. Anfang, Mitte zwanzig. Einer von ihnen,

Theodor, ist der Anführer. Und der sagt irgendwann zu Frida: »Das ist doch Quatsch, was du da sagst!«

»Das ist überhaupt kein Quatsch.«

Jetzt mischt sich Serkan ein.

»Du ... du bist so schön, du hast immer recht!«

»Ihr habt ja keine Ahnung.«

Ich selbst spüre, dass die Stimmung nicht bloß kippt, sondern dass es gefährlich wird. Wenn Frida ein Junge beziehungsweise ein junger Mann wäre, dann gäbe es jetzt eine Schlägerei. Theodor beleidigt Frida. Ich weiß nicht genau, was er sagt. Er hat bloß etwas gezischt. Frida zuckt die Achseln, steht auf und sagt: »So was höre ich mir nicht länger an.«

Sie sagt das nicht ängstlich. Sie sagt das eiskalt. Sie ist niemand, der sich mobben lässt. Und sie kommt wieder. Ein Jahr später werde ich ihr das mündliche Abitur abnehmen. Bei Theodor und Serkan geht die Geschichte anders aus.

Für den Lehrer ist es übrigens meistens eine Katastrophe, wenn sich Schüler während des Unterrichts derart heftig streiten, dass eine Partei fluchtartig den Raum verlässt. Selten kam ich mir so hilflos vor wie in diesem Augenblick. Zumal diejenigen, die den Streit ausgelöst hatten, noch im Klassenraum saßen.

› Nordrhein-Westfalen

Der zusammengesetzte Kurs, zwölfter Jahrgang, ist eher leistungsschwach. Die Schüler müssen zwar zwei Kurse Französisch ins Abitur einbringen, aber mehr nicht. Französisch ist weder Teil des mündlichen noch des schriftlichen Abiturs. Daher sehen viele Schüler in diesem Fach einen klassischen Sitzschein. Eigentlich ist der Kurs eine optimale Vorbereitung auf die Universität, wo man manchmal auch nur herumsitzt, um am Ende einen Schein zu bekommen. Diese Schüler verhalten sich aber nicht wie angehende Studenten, sondern wie pubertierende Achtklässler. Übertreibe ich etwa? Nein. Denn wenn ein Schüler laut pupst und zwei Jungs, beide fast zwei Meter groß, sich vor Lachen nicht mehr halten können und ich sie rauswerfen muss, dann ist das nicht nur pubertär, sondern auf primitivste Weise kindisch. Wenn ich das französische Verb *venir* einführe und sage, es heißt *kommen,* gackern die Jungs. Kein anderes Wort passt so gut wie: gackern! (Ich darf auch nicht sagen: »Ich *führe* ein neues Verb *ein*«, denn: Das ist ganz gefährlich!)

Aber das ist alles harmlos. Auf Grund der vielen leistungsschwachen Schüler biete ich eine Stunde Förderunterricht an. Es ist nicht etwa eine Zusatzstunde, sondern es ist die achte Stunde, in der sowieso Französischunterricht stattfindet. Die anderen dürfen gehen. Und das gefällt natürlich nur denjenigen, die gehen dürfen. Die, die bleiben müssen, sehen im Förderunterricht eine alternative Form des Nachsitzens.

An einem Maitag, den ich noch lange in Erinnerung behalten werde, ist die Doppelstunde, vor allem die Förderstunde, besonders heftig. Ich komme pünktlich in den Klassenraum. Fünf Minuten später ist auch der letzte Schüler da. Ich merke gleich, dass heute nichts gehen wird. Es herrscht eine permanente Unruhe, die sich immer sofort zu Lärm steigert, sobald ich mich zur Tafel drehe. Dabei will ich doch an der Tafel extra noch mal etwas erklären, was wieder so viele Schüler nicht begriffen haben. Sobald die französische minimal von der deutschen Grammatik abweicht – und das tut sie fast immer – blicke ich eigentlich nur noch in überforderte Gesichter. In Zukunft werde ich mich gar nicht mehr zur Tafel drehen. Nicht in diesem Kurs. Ich werde vom Overheadprojektor aus frontal unterrichten. Die Klasse immer fest im Blick. Aber heute ist es dafür mal wieder zu spät. Die Schüler sollen zum neuen Thema einige Übungen schriftlich machen. Phillip, der nicht versetzt werden wird und das auch schon weiß, unterhält sich mit Sara, die auf einer Fünf steht. Ich gehe zu ihnen hin. Endlich nehmen sie wenigstens einen Zettel raus. Ach ja, einen Stift brauchen sie ja auch noch.

»Sie gehen immer so schnell voran, da kommen wir eh nicht mit«, sagt Phillip.

»Sie versuchen es ja nicht mal«, sage ich. »Die anderen sind schon fast fertig, und Sie haben sich noch nicht mal die Aufgabenstellung angesehen.«

»Sind Sie wieder hektisch.«

Ja, das bin ich. Ich hatte nämlich gerade die Direktorin zu Besuch in meinem Unterricht. Die Stunde war nicht atemberaubend, aber für meine Verhältnisse in Ordnung. Und die Schüler in dem Kurs haben gekämpft, als wären wir eine Fußballmannschaft und ich ihr Trainer. In jeder anderen Klasse hätte ich das zu Beginn der Unterrichtsstunde einfach erzählt. So was kann ich gut. Ich merke es immer wieder, wie die Schüler mir dann zuhören, wie sie geradezu an meinen Lippen kleben, wie sie lachen, und dann, wenn die Stimmung auf dem Höhepunkt ist, beginnt in der Regel der fließende Übergang zum Unterricht. In dieser Klasse klappt es nicht. Es hat noch nie geklappt. Sobald ich mich zur einen Seite wende, wird auf der anderen Seite wie auf Knopfdruck gequatscht. Wenn ich Schüler direkt anspreche, heißt es: »Ich habe nichts gesagt.«

Und solche Sprüche sind nicht mal witzig gemeint.

Die siebte Stunde ist ein Albtraum. Ich lasse die Schüler, die nicht ganz so leistungsschwach sind, gehen und mache das, was ich irgendwann eingeführt habe: fünf Minuten Pause. Die Schüler, die so gern so viel quatschen, dürfen es in diesen fünf Minuten tun. Die Schüler, die so gern während des Unterrichts essen und trinken, dürfen es in diesen fünf Minuten tun. Die Schüler, die so gern während des Unterrichts aufs Klo gehen, dürfen es in diesen fünf Minuten tun.

Dann beginne ich. Niklas sitzt in der letzten Reihe. Die Füße auf dem Tisch. Ich zische ihn an, er solle die Füße sofort runternehmen. Er tut es. Er solle nach vorne kommen, sage ich. Wir seien schließlich nur sieben Leute. (Eigentlich acht, aber einer der Förderschüler ist nach der Pause nicht wieder aufgetaucht.) Er tut es nicht. Ein Schüler, der sonst ziemlich nervt, beteiligt sich heute gut. Ein anderer Schüler beweist, dass er einiges begriffen hat. Lichtblicke in der unerträglichen Achte-Stunden-Tristesse. Eher Lichtblitze. Martin hat mal wieder aufgegeben. Er schreibt SMS. Niklas ist beleidigt. Er grollt und ruft: »Die anderen dürfen gehen, und wir müssen hier rumsitzen.«

Ich habe schon zu oft erklärt, dass ich mit der Förderstunde nur ein einziges Ziel erreichen möchte: Dass ich die Schüler nicht verliere. Dass ich nach Möglichkeit keine Fünf geben muss.

Dankbarkeit habe ich nie erwartet. Aber diese Wut … die beginnt mich fertigzumachen. Ein Gastdozent hat neulich auf einem Lehrerseminar (Thema: Glück und Zufriedenheit) gesagt, er kenne Ärzte, die Lehrer nicht mehr ertragen, die mit Schülern nicht klarkommen und deshalb psychische Probleme hätten. Das wäre ja so, als wenn Ärzte mit kranken Menschen nicht mehr klarkämen.

Den Arzt will ich sehen, der mit kranken Menschen, die nicht offiziell als geistig behindert gelten oder eine Karriere als Schwerstkrimineller hinter sich haben, klarkommt, obwohl die Patienten ihn nach gelungener OP bespucken. Die sich nicht freiwillig das Hemd ausziehen, um sich abhören zu lassen. Die die verschriebenen Tabletten nicht nehmen und den Arzt vor anderen Patienten beschuldigen, er wolle sie ja doch bloß vergiften. Die die Tabletten dann mit Alkohol runterspülen und anschließend zum Klinikchef laufen und sich über den Arzt beschweren, weil sie nach Einnahme der Tabletten kotzen mussten.

Zurück zum Förderkurs. Niklas geht aufs Klo. Anschließend, zehn Minuten vor Schluss, geht Phillip aufs Klo. Niklas hat gefragt. Er müsse so dringend, hat er gesagt. Phillip hat nicht mal gefragt. Ich kann nicht mehr. Ich tue das, was ich doch schon längst nicht mehr tun möchte. Ich schnauze ihn an. Ich sage ihm, dass ich extra eine Pause mache, damit er aufs Klo gehen könne.

Er lacht mich aus. Er fühlt sich ungerecht behandelt. Geradezu misshandelt, weil seiner Freizeit beraubt. Sein Kumpel durfte schließlich schon nach Hause gehen. Er sagt in unverschämtem Tonfall: »Häää? Da wusste ich noch nicht, dass ich aufs Klo musste.«

Ich gebe auf. Es bringt nichts, ihm beziehungsweise den Schülern zu erklären, dass ich überhaupt noch nie während einer Doppelstunde aufs Klo gehen musste. Und dass es die absolute Ausnahme sein sollte, dass jemand während des Unterrichts aufs Klo gehen müsse. Und nicht die Regel. Ich schicke die Schüler nach Hause. Meine Abteilungsleiterin sagt noch am selben Nachmittag, sie übernehme den Kurs im nächsten Jahr.

An sieben Schulen habe ich Oberstufenklassen unterrichtet. Zum ersten Mal bin ich gescheitert. Auf ganzer Linie.

Warum bloß? Es gibt viele Gründe.

Ich hätte am Anfang zu diesem Kurs nicht nett sein dürfen. Ich hätte konsequent sein müssen und nicht immer wieder nachgeben dürfen. Ich hätte so unterrichten müssen, wie man in einer als schwierig geltenden neunten Klasse unterrichtet. In Berlin hatte ich eine neunte Klasse bekommen, die als schwierig galt. Ich wusste das. Ich war am Anfang hart, aber nie ungerecht, und es wurde ein nettes Jahr. In Hamburg hatte ich eine zehnte Klasse bekommen, die zuvor eine Lehrerin derart drangsaliert hat, dass die Lehrerin anschließend wochenlang krankgeschrieben war. Ich wusste das. Und der Unterricht lief.

Den Französischkurs hatte ich zu Beginn der Elften übernommen. Ich hätte in den ersten Monaten unverschämte Schüler bestrafen müssen. Ich hätte mich nicht immer wieder auf Verhandlungen einlassen dürfen. Kompromisse sind in einer solchen Klasse ein Zeichen von Schwäche und der erste Schritt zum Abgrund. Ich habe ständig Kompromisse gesucht. Ich war nicht der Boss in dieser Klasse, sondern der Verhandlungspartner. Der Partner, der ich in anderen Oberstufenklassen so oft mit Erfolg gewesen war. In dieser Klasse hat sich irgendwann nicht mehr die Klasse, sondern jeder einzelne Schüler als Verhandlungspartner gesehen.

Kein Albtraum, sondern Horror.

› Hamburg

Serkan kann kein Französisch. Er kann kurz vor dem Abitur noch immer kein einziges Verb im Präsens konjugieren. Bei der Abiturklausur in Englisch benutzt er ein zweisprachiges Wörterbuch. Wegen Täuschungsversuch bekommt er null Punkte und fällt durch. Die Schule sei ungerecht, schimpft er. Er habe gar nicht wirklich ins Buch reingeschaut.

Während einer anderen Abiturklausur habe ich Aufsicht. Theodor sitzt im Klassenraum. Das Gefährliche an ihm: Er ist eigentlich ein leistungsstarker Schüler. Er könnte das Abitur mit links machen. Könnte. Aber nun sitzt er vor den Aufgaben und fängt gar nicht erst an. Dann meldet er sich für einen Klogang ab. Meistens kommen die Schüler nach ungefähr fünf Minuten wieder. Manchmal auch schon nach drei, selten erst nach acht. Theodor ist aber nach zehn Minuten noch immer nicht zurück. Es wird allein dadurch unruhig. Ein weiterer Schüler möchte ebenfalls auf Toilette. Er müsse dringend, sagt er nach fünfzehn Minuten. Nach zwanzig Minuten lasse ich ihn gehen. Theodor kommt nicht wieder. Und fällt durchs Abitur.

› Hamburg

In der ersten Stunde machen die Schüler Gruppenarbeit. Nach der zehnminütigen Pause sollen sie die Ergebnisse vorstellen. Das geht aber nicht. Denn aus jeder Gruppe fehlt ein Schüler. Die drei Gruppen in diesem kleinen Kurs sind unvollständig. Die anderen Gruppenteilnehmer – erwachsene Menschen – kommen erst zwanzig Minuten nach Beginn. Mit Tüten von McDonalds, mit vollem Mund, und mit vollem Mund sagt einer von ihnen:»Wir hatten Hunger.«

Weil mir dazu nichts einfällt, melde ich ihr Verhalten dem Direktor. Bei ihm sei neulich jemand mit einem Döner in die Klasse gekommen, sagt er.

In Absprache mit dem Direktor verteile ich ein Infoblatt, auf dem steht, dass niemand mehr in den Klassenraum gelassen wird, der zu spät kommt. Eine Woche später bollert ein Zuspätkommer derart heftig an die Tür, dass ich befürchte, die Tür könnte aus den Angeln fliegen. Ich schließe also doch auf und gucke in das grinsende Gesicht von … Theodor, der, siehe oben, wenige Monate später durchs Abitur fallen wird.

› Hamburg

Das nächste Schuljahr. Ich gehe die Reihen meiner Schüler durch. Viele neue Gesichter. In der letzten Reihe sitzt: Theodor, der, nachdem er durchs Abitur gefallen ist, einen Neuanfang wagt.

› Nordrhein-Westfalen

Die letzte Stunde vor den Ferien.

Die meisten Lehrer machen in solchen Stunden keinen Unterricht mehr. Manche Lehrer zeigen ihre Lieblingsfilme. Manche Lehrer gehen Eis essen. Manche Lehrer singen mit ihren Schülern und haben die eigene Gitarre mitgebracht. Solche Stunden sind wichtiger, als sich manch einer vorstellen kann. Vor allem gehören sie zum Lehrerleben dazu. Oft versüßen sie den Lehreralltag, denn in diesen Stunden entsteht oft eine besondere Nähe zu Schülern.

Ich hatte den Schülern angekündigt: Wir machen eine Vorlesestunde! Jeder liest etwas aus seinem Lieblingsbuch vor. Anschließend lese ich vor. Ich selbst habe einen schweren Rucksack dabei: *Harry Potter* (Band IV), *Winnetou* (Band I), Feridun Zaimoglu *(Abschaum)*, Arthur Schnitzler *(Das große Lesebuch)*.

Ich betrete die Klasse. Alle reden. Viele Schüler grinsen in meine Richtung. Ihr Blick sagt: Ulbricht denkt doch nicht wirklich, dass er heute irgendetwas mit uns machen kann.

Ich lehne mich ans Pult und sage nichts. Ich warte. Ich warte lange. Die Schüler reden einfach weiter. Alle machen das. Als wäre ich nicht da. Dabei habe ich doch, wie ich angekündigt hatte, gar nicht vor, die Schüler mit Unterricht zu quälen. Irgendwann – nach fünf, vielleicht nach zehn Minuten – wird es ruhiger. Wer ein Buch mithabe, frage ich. Eine Schülerin meldet sich. Sie möchte aber nicht vorlesen. Ein anderer Junge, Stefan, meldet sich ebenfalls. Er hat Stephen King mitgebracht. Und Thomas meldet sich auch. Seine Nachbarn grinsen wie achtjährige Jungs, die im Wörterbuch das Wort Penis entdeckt haben. Und darauf läuft es auch hinaus. Thomas lehnt sich ans Pult, cool und richtig lässig steht er da und liest vom Display seines Smartphones schweinische Texte ab. Es geht um Stellungen. Es geht darum, was der Vorzug ist, wenn die Frau einen Mann reitet. Die siebzehn- bis zwanzigjährigen Jungs grölen. Die Mädchen gucken angewidert. Ich sage zu den Mädchen: »Die Jungs finden das nur so toll, weil sie solche Sachen noch nie erlebt haben.«

Immerhin: Einige Jungs grölen anschließend leiser. Und die Mädchen nicken. Als hätte ich genau das ausgesprochen, was sie denken.

Dann Stefan: Er setzt sich vor die Klasse, liest aus seinem Buch vor und die Schüler verhalten sich den Umständen entsprechend durchaus diszipliniert.

Bilanz (Teil I): Ein Schüler hat aus einem Buch, das er mag, vorgelesen (was sehr mutig war), eine Schülerin hat sich nicht getraut (was keineswegs feige war), und ein Schüler hat alberne Ferkeltexte gelesen.

Nun also mein Auftritt: Ich lese erst Zaimoglu vor. Zaimoglus *Abschaum* gehört zu seinem Frühwerk – bei diesem noch immer nicht alten Autor kann man ja bereits auf ein Werk verweisen – und in seinem Frühwerk geht es um die Kieler Türkenszene Ende der Achtziger, Anfang der Neunziger Jahre. Er schreibt über den Überfall auf eine Diskothek namens *Error*. Ich war selbst oft in dieser Diskothek gewesen. Der Überfall war damals Kieler Stadtgespräch.

Die Schüler ... hören zu. Eine der ganz großen Nervensägen sagt: Davon können Sie ruhig noch mehr vorlesen. Mache ich aber nicht. Schnitzler ist jetzt mit seinen Ansichten über Krieg dran. Das sind geniale, kurze Texte.

Es geht weiter mit *Winnetou I*: Die Rede In-Tschu-Tschunas. Kurz und knackig. Dann *Harry Potter*. Den hatte ich zuvor anlässlich des Vorlesetages für Kinder eingeübt und daraus eine halbe Performance gemacht. Ich lese mich in einen Rausch. Die Schüler sind still. Einige gucken gebannt. Andere dösen (was ich ausdrücklich erlaubt habe). Aber drei Schüler gackern wie Siebtklässlerinnen, die einen Lachanfall haben. Und zwar jedes Mal, wenn ich den Namen *Wurmschwanz* vorlese. Die drei Schüler sitzen verteilt im Klassenraum. Sie sprengen die Vorlesestunde. Die erste Schülerin beklagt sich. Was das solle, fragt sie. Die Jungs gackern weiter und merken nicht, dass sie mal wieder eine Möglichkeit nutzen, eine Chance zu verpassen. Wie so oft. Man reicht diesen Schülern den kleinen Finger und entweder reißen sie einem den ganzen Arm aus oder sie merken nicht mal, dass der Lehrer ihnen etwas gereicht hat. Zuerst bin ich für meine Verhältnisse recht ruhig. Dann werde ich wütend. Dann explodiere ich, und meine Explosion endet mit dem an den besonders nervtötend kichernden Schüler gerichteten Satz: »Ich lese erst weiter, wenn Sie den Raum verlassen!«

»Nein, ich bin jetzt ruhig.«

Ich kann aber nicht mehr. Ich breche die Lesung ab. Eine Schülerin schnauzt mich daraufhin an: »Sie haben toll gelesen ... das waren doch nur die drei Jungs!«

»Ja, genau. Und nächstes Mal sind es drei andere. Es sind in diesem

Kurs immer drei oder vier, die nicht mitmachen. Sie beschweren sich immer bloß über alles. Aber wenn ein Lehrer wirklich mal etwas für Sie tut, wenn ein Lehrer Ihnen nicht ein blödes Quiz hinlegt oder Sie nicht einfach vor die Glotze setzt, dann passt es Ihnen auch nicht. Noch nie … noch NIE NIE NIE musste ich eine Vorlesestunde abbrechen. Aber in diesem Kurs funktioniert gar nichts. NICHTS. NICHTS. NICHTS.«

Ich packe meine Sachen. Viele Schüler kommen zu mir. Geben mir die Hand und wünschen mir frohe Weihnachten. Ihnen ist das Verhalten der Mitschüler peinlich. Immerhin. Und die drei Jungs? Niemand entschuldigt sich von ihnen. Auch nach den Ferien nicht.

Bilanz (Teil II): Nichts hat funktioniert! Vielleicht war diese Stunde die schrecklichste Stunde in meinem Lehrerleben. Denn ich habe versucht, den Schülern etwas zu bieten. Ich habe etwas gemacht, was so oft funktioniert hat. Und was so oft so gut angekommen ist.

Die Vorlesestunden, die ich immer wieder zu bestimmten Anlässen mache, sind längst Teil meiner Lehrerpersönlichkeit.

Traum(stunden)

> ### Schleswig-Holstein, Hamburg, Berlin, Nordrhein-Westfalen

Schon während des Referendariats habe ich einer zehnten Klasse aus *Wir Kinder vom Bahnhof Zoo* vorgelesen. Die Klasse war angemessen schockiert. Nach den Ferien sagte ein Junge zu mir: »Herr Saß, ich habe mir das Buch gekauft, es gelesen, und wissen Sie was, es hat mir sogar gefallen!« Vielleicht habe ich mich darüber mehr gefreut als über das Ergebnis meiner einzigen nicht schlechten Lehrprobe (Zweiminus).

An der Abendschule habe ich ebenfalls vorgelesen: Maupassant. In der Novelle *Heilige Nacht* geht es um einen Schriftsteller, der … vögeln will. Und zwar unbedingt. Am besten mit einer dicken Frau. (»Je fleischiger, desto besser.«) Schließlich findet er eine solche, wundert sich, dass sie sich sofort unter die Decke verkriecht und was dann passiert, gehört hier nicht her. *Heilige Nacht* von Maupassant ist eine irrwitzig komische Geschichte! Man sollte sie aber nicht unbedingt einer achten Klasse vorlesen.

Ein Mal hatte ich die Schüler sogar mit Listen überrascht, in die sie sich und das Buch, aus dem sie selbst vorlesen sollten, eintragen mussten. Und tatsächlich: Am Ende haben fast alle Schüler selbst vorgelesen. Auch diejenigen, von denen ich es nie erwartet hätte. Die Jungs haben oft aus Fußballbiografien vorgelesen. Ein politisch interessierter Schüler hat aus der Biografie von Helmut Schmidt vorgelesen. Es wurde auch Stieg Larsson und Harry Potter vorgelesen. Die Schüler lasen und hörten sich zu oder, wenn es ihnen zu langweilig wurde, dösten still vor sich hin. Dennoch kam diese Stunde so gut an, dass wir uns darauf einigten, sechs Wochen später vor Weihnachten eine solche Stunde zu wiederholen.

› Berlin

Heute habe ich wieder Französisch-Leistungskurs. Das sage ich immer, wenn ich in den Grundkurs, den ich Mitte September als Krankenvertretung übernommen habe, gehe. Sieben Schüler. Vier von ihnen werden ein Einserabitur machen. Eine Schülerin, der Vater Iraker, die Mutter Polin, also quasi ein doppelter Migrationshintergrund, wird ihr Abitur mit der Note 1,1 ablegen.

Ich selbst habe noch nie einen Hehl daraus gemacht, dass ich in Französisch eine Schwäche habe: Ich habe keinen besonders großen Wortschatz. Ich habe mehr Bücher auf Französisch gelesen, als in manch einem Lehrerzimmer alle Französischkollegen zusammengenommen, aber ich habe nie ein Wort nachgeschlagen. Mir hatte es immer gereicht, wenn ich verstanden habe, worum es ging. Damals, als Student, hätte ich Zeit gehabt, am Wortschatz zu arbeiten. Jetzt fehlt mir dafür die Zeit.

Aber nun habe ich diesen LK. Jede Doppelstunde bereite ich zu Hause wie eine Lehrprobe vor. Obwohl niemand zum Gucken kommt. Diese Schüler, die haben es aber einfach verdient, dass ich mich derart reinhänge. Wir gucken den meisterhaften Film *La Haine* von Mathieu Kassovitz. Wir lesen eine Szene im Drehbuch und analysieren sie. Die Schüler machen mit. Sie sprechen Französisch. Bei den kreativen Aufgaben (eine Szene weiterschreiben) sind sie wirklich kreativ. Es ist der Wahnsinn. Man liest ja immer wieder in schlauen Artikeln von Bildungstheoretikern, dass die Klassengröße nicht entscheidend sei, ob Unterricht funktioniere oder nicht. Das ist doch Unfug. Bei sieben Schülern kann ich jedes Mal jeden Text lesen und ihn korrigiert zurückgeben. Ich kann bei jeder Partnerarbeit und bei jeder Gruppenarbeit helfen oder manchmal sogar einfach mitmachen. Ich kann mich auf das Niveau jedes einzelnen Schülers einstellen. Genau das mache ich in diesem Kurs. Und der Kurs dankt es mir: Die Mitarbeit ist herausragend. Ich wanke jedes Mal benommen aus dem Unterricht. Glücklich, diese Gruppe unterrichten zu dürfen. Einfach bloß glücklich.

› Berlin

An der Nebenfront: Der Fachbereichsleiter für Französisch heißt Herbert Carstens und ist stinksauer auf mich. Er knallt mir meine Korrektur der Klassenarbeit (neunte Klasse) auf den Tisch und sagt: »Korrigieren Sie das noch mal, das war ja total nachlässig. Und dann geben Sie die Arbeiten dem Direktor.« (D. h.: eine gute, eine mittlere und eine schlechte Arbeit) Ich bin neu an der Schule und erstaunt über den rüden Umgang – erstaunt und wütend.

Zu Hause stelle ich fest: Ich habe wirklich nicht toll korrigiert. Vor allem habe ich viele Fehler übersehen. Und in der Schule stelle ich fest: Herr Carstens, der im selben Jahr pensioniert wird und seit über dreißig Jahren an der Schule unterrichtet und das ist, was man einen alten Hasen nennt, hat es niemandem, wirklich niemandem erzählt. Er hat hinter meinem Rücken nicht schlecht über mich geredet. Und dem Direktor hat er auch nichts gesagt.

Monate später höre ich – inzwischen verstehen wir uns gut, weil ich die seiner Ansicht nach schwierige neunte Klasse trotz nachlässiger Korrektur schnell im Griff habe – dass er hinter meinem Rücken, ohne es mir zu sagen, doch noch über mich geredet hat: Er ist mit einem anderen Kollegen zum Direktor gegangen. Er wollte wissen, ob ich nicht bleiben könne. Ja gibt es denn so was?

› Berlin

Es ist wieder jemand Amok gelaufen. Beim Amoklauf (von Winnenden) sind fünfzehn Menschen – Schüler und Lehrer – getötet worden. Der siebzehnjährige Amokläufer hat Selbstmord begangen.

Ich mache eine aktuelle Stunde zum Thema. Obwohl ich nicht Klassen-, sondern bloß Französischlehrer bin. Ich bespreche einen Text im Magazin der Süddeutschen Zeitung, in dem es um ein Mobbingopfer geht. Ich schließe mit den Worten, dass, wenn diese Geschichte (die Reportagen in der Süddeutschen Zeitung lesen sich oft wie Geschichten) einen zweiten Teil hätte, es in ihm um einen Amoklauf ginge. Die meisten Schüler verstehen die Botschaft, die sich hinter meinen Worten versteckt. Dann packen die Schüler und gehen. Eine eher leistungs-schwache Schülerin kommt zu mir. Sie sagt: »Herr Ulbricht?«

»Ja?«

»Danke, dass Sie das mit uns heute gemacht haben.«

Dann geht sie.

› Nordrhein-Westfalen

Klausurvorbereitung im Chaosfranzösischkurs: Diejenigen, die in der achten Stunde bleiben wollen, dürfen bleiben und unter meiner Aufsicht eine Übungsarbeit schreiben. Anschließend verteile ich Ergebniszettel, die die Schüler dann miteinander vergleichen. Ich selbst sitze mit Sarah an einem Tisch und erkläre ihr immer wieder, wie das französische Perfekt gebildet wird. Sarah hat einen Kloß im Hals und stockt beim Sprechen. Ihre Hand zittert, wenn sie etwas aufschreibt. Sie kann einfach nicht mehr. Aber sie sitzt da und kämpft gegen die imaginäre Mauer, die in ihrem Kopf ist, an. Sie kämpft und kämpft und kämpft. Es ist ein harter Kampf für sie. Sie hat keinerlei Bezug zur französischen Grammatik. Dann ist die Stunde zu Ende. Sarah hat einige Dinge ver-standen. Aber das Verstehen hat ihr Nerven und Kräfte geraubt. Sie ist vollkommen erschöpft. Ohne dass ich sie darum bitten muss, hilft sie mir wie in Trance, die Stühle hochzustellen. Dann verlässt sie den Raum. Sie hat es eilig. Plötzlich bleibt sie jedoch mit einer Abruptheit stehen, als wäre sie gegen eine reale Mauer aus Beton gelaufen. Sie dreht sich um und sagt: »Danke, Herr Ulbricht.«

Eine Woche später wiederholen wir das Prozedere. Mit Hängen und Würgen schafft sie eine Vierminus. Ich kann ihr wegen eines guten Referats, das sie gehalten hat, eine glatte Vier im Zeugnis geben.

Meine Erleichterung ist mit Sicherheit genauso groß wie die ihre, als sie es erfährt.

› Schleswig-Holstein

»Herr Saß, wir spielen in den Herbstferien Fußball. Spielen Sie mit?«, fragt Emeka.

»Wo und wann denn?«

»Wir haben uns eine Halle gemietet. Helge aus der neunten Klasse kommt auch. Den kennen Sie ja.«

Klar kenne ich Helge. Ein blonder, großer Junge, Typ Mädchen-schwarm, soll gut Tennis spielen, in Geschichte nicht besonders auf-fällig.

»Klingt gut.«

Nach dem Unterricht wollen die Jungs, mit denen ich mich in dieser zehnten Klasse vom ersten Tag an so gut verstanden habe, meine Telefonnummer haben. Ich gebe sie ihnen.

Noch am selben Nachmittag sagt meine Frau, irgendein Schüler habe auf den Anrufbeantworter gesprochen. Emeka, den die Stimme meiner Frau, mit der ihn der Anrufbeantworter begrüßt hat, vermutlich eingeschüchtert hat, holt die höflichsten Sätze aus sich heraus.

Drei Tage später stehe ich mit meinen Französischschülern zum Kicken in einer Halle. Es wird nicht über Unterricht gesprochen. Es wird nicht über Noten gesprochen. Es wird Fußball gespielt. Helge spielt mit seltsamer Leichtigkeit und verliert nie den Ball. Emeka ist unglaublich dribbelstark. Hendrik ist Handballtorwart und duckt sich nie weg. Es bringt Spaß. Einfach bloß Spaß.

Welcher andere Beruf bietet einem eigentlich die Chance, sich privat mit jungen Menschen zu treffen und einfach unbeschwert Fußball zu spielen?

› Schleswig-Holstein

Schulausflug mit der zehnten Klasse: Kanufahren. Zwischendurch fängt es an zu regnen. Der Regen verwandelt sich in ein Gewitter. Auf das Gewitter folgt ein Wolkenbruch, der nicht enden will. Zum Glück hat die Lehrerin nicht das getan, was heute vermutlich jeder Lehrer tun würde: im Internet alle möglichen Wetterdienste durchforstet und den Ausflug wegen einhundertprozentiger Regenwahrscheinlichkeit abgeblasen. Denn niemand lässt sich die Laune verderben, obwohl alle klatschnass sind. Auch die Klassenlehrerin nicht. Eigentlich hätten wir gleich schwimmen gehen können, denn auch das Wasser in den Kanus erreicht eine bedenkliche Höhe. Stunden später sind wir wieder am Ausgangspunkt. Unsere Kleidung klebt an unseren Körpern und fühlt sich an wie eine kalte, zweite Haut. Wir sind uns alle einig: Gut, dass es geregnet hat. Sonst hätten wir nur halb so viel Spaß gehabt!

› Schleswig-Holstein

Ich bin nicht mehr an der Schule, gehe aber zu einem Theaterstück, das an der Schule aufgeführt wird. Ein Teil meiner ehemaligen Zehntklässler, jetzt Elftklässler, führt das Stück auf. Ich bin mit der Deutschlehrerin gekommen, die im elften Jahrgang unterrichtet. Die Schüler entdecken mich. Sie kommen zu mir. Und zwar alle. Sie fragen, wie es mir geht. Ich frage, wie es ihnen geht. Wir unterhalten uns, als wäre ich noch immer ihr Lehrer. Oder doch so etwas Ähnliches wie ein Freund?

Kumpanei sei der falsche Weg, sagte ein Lehrer am Ende meines Referendariats im klassischen Oberlehrertonfall zu mir. Man müsse den Schülern immer zeigen, wer der Boss sei. Das gehe nur, wenn man am Anfang einen Schüler, der Scheiße baue, fertigmache. So richtig fertig. Anschließend könne man dann gut unterrichten.

Natürlich ist das nicht nur Rechthaberei gewesen. In einigen Klassen ist die Kumpanei, also der Auftritt als Lehreronkel, der nett ist und es mit allen gut meint, ein Bumerang, der einen böse treffen und bleibende Schäden verursachen kann. Das habe ich einige Male erlebt. Und dann kann das Unterrichten zum Horror werden.

In dieser Klasse war der Weg, den ich gegangen bin, vom ersten Tag an der richtige gewesen. Wenn es klappt, kann es einem passieren, dass man sich am Morgen freut, endlich zur Schule beziehungsweise zur Arbeit gehen zu dürfen.

Mit einigen der Schüler, die ich im zweiten Referendariatsjahr unterrichtet habe, habe ich mir noch jahrelang E-Mails geschrieben.

› Berlin

Mist! Melanie hat von Jamila abgeschrieben. Sogar die Fehler hat sie mit abgeschrieben. Dass es umgekehrt ist, kann ausgeschlossen werden. Melanie steht auf einer Fünf, Jamila auf einer Drei mit Tendenz nach oben. Jamila ist ein wenig lustlos und albert viel herum, aber ihre Eltern sind Tunesier. Sie kann ein wenig arabisch, hat eine hervorragende französische Aussprache, aber keine Lust zu lernen. Es steht fest, dass sie nie und nimmer auf die Idee gekommen wäre, von Melanie abzuschreiben. (Lehrer wissen fast immer, wer von wem abgeschrieben hat. Das ist meistens auch kein großes Kunststück.) Ich bin zum ersten Mal in der Situation, dass ich beim Korrigieren auf einen derart offensichtlichen Betrug stoße. Sonst habe ich die Schüler immer in flagranti beim Spicken erwischt. Oder gar nicht. Dieses Mal merke ich es erst jetzt. Was tun? Sie werden natürlich sagen, dass sie zusammen gelernt haben. Der Klassenlehrer, dem ich mich anvertraue, sagt: »Hör zu! Nimm beide Schülerinnen zur Seite und sag, dass sie voneinander abgeschrieben haben. Und sag vor allem, dass es nur zwei Möglichkeiten gibt, entweder bekommen beide eine Sechs oder nur die Abschreiberin. Die Abschreiberin wird es sofort zugeben. Mach dir keine Sorgen. Klappt immer.«

Hm. Aber was ist, wenn nach der dramatischen Ankündigung Melanie leugnen sollte? Dann muss ich auch Jamila eine Sechs geben … Aber na gut. Ich suche beide Mädchen auf dem Pausenhof, finde sie, nehme sie mit und merke, dass die beiden sich nicht besonders wohlfühlen. Dann setze ich mich mit ihnen in einen leeren Klassenraum, breite die Arbeiten aus, zeige auf die identischen Teile und sage: »So, ihr habt voneinander abgeschrieben! Es gibt nur zwei Möglichkeiten: Entweder diejenige, die abgeschrieben hat, gibt es sofort zu, oder ihr bekommt beide eine Sechs.«

Jamila reißt entsetzt die Augen auf und sagt gar nichts. Vor allem sagt sie nicht: »Ich habe nicht abgeschrieben!« Aber Melanie sagt etwas, und zwar: »Nein … Jamila darf keine Sechs bekommen. Ich habe abgeschrieben.«

Jamila sackt fast zusammen vor Erleichterung. Später sage ich ihr, dass ich sie auch nicht verdächtigt habe, worüber sie sich freuen wird. Bei Melanie bedanke ich mich noch im Raum dafür, dass sie sofort zugegeben hat, die Abschreiberin gewesen zu sein. Merkwürdig: Aber anschließend fühle ich mich richtig gut.

› Berlin

Nach den Schlachten in der siebten Klasse ist Ruhe eingekehrt. Ich gehe gern in die Klasse. Die deutsch-deutschen Mädchen sprechen die Namen der türkischen Mädchen türkisch aus. Niemand kann so schön Inci sagen wie Lena. Manchmal reden die türkischen Mädchen türkisch. Ihren Gesten entnehme ich, dass es dann um die Jungs geht, die gerade auf dem Pausenhof stehen. Coole Jungs, die in den zwölften Jahrgang gehen und die vermutlich nie erfahren werden, wie sehr sie einst von Siebtklässlerinnen angehimmelt worden sind. Inci ist im Kurs das lebhafteste Mädchen. Sie bekommt am Ende wie Ceyhan und Sibel die Einsen. Inci, Ceyhan und Sibel sprechen fließendes akzentfreies Deutsch, soweit ich das beurteilen kann auch fließendes akzentfreies Türkisch und solides Siebte-Klasse-Englisch. Und nun lernen sie gerade Französisch. Ich bin sehr stolz auf meine türkischen Schülerinnen. Zugleich bin ich frustriert. Denn: Ein junger französischer Schüler, der in Berlin oder in Hamburg auf ein französisches Gymnasium geht, der spricht Französisch, Deutsch und meistens Englisch. Englisch so, wie Franzosen halt Englisch sprechen. Dass er eine Sprache weniger kann als die türkischen Mädchen, ist der eine Unterschied. Der andere Unterschied ist, dass er von der deutschen Gesellschaft geschätzt wird.

(»Das ist doch toll, auf ein französisches Gymnasium zu gehen! Und zweisprachig aufzuwachsen, das ist … fantastisch!«)

Seltsamerweise werden die vielen Tausend türkischen Mädchen und Jungs, die in Deutschland leben und beide Sprachen können und ebenfalls zweisprachig aufwachsen, keineswegs für ihre Zweisprachigkeit geschätzt. (»Warum sprechen die denn überhaupt noch türkisch, wenn sie hier leben wollen?«)

Ich sage dazu: Warum bekommen die vielen türkischen Schüler anstatt der Möglichkeit, am Islamunterricht teilzunehmen, nicht generell und überall die Chance, Türkisch als zweite Fremdsprache zu nehmen?[26] Was wäre das für eine Motivation? Und angenommen, deutsche Schüler würden sich trauen, ebenfalls als zweite Fremdsprache oder in einer AG türkisch zu lernen? Wie sehr würde das das Klima an den Schulen verbessern und das Miteinander fördern?

Ich hätte Herrn Sarrazin gern mal eingeladen, meinem Unterricht beizuwohnen. Und auch die CSU-Politiker, die vor den nächsten Bundestagswahlen vermutlich mit der 84. Version einer Leitkulturdebatte auf Wählerfang gehen. Nun ist es nicht so, dass es Probleme nicht gibt. Und leider steht man auch am Gymnasium (vor allem in urbanen Ballungsräumen) hin und wieder vor Klassen, die den Eindruck vermitteln, dass die Bildungsnation Deutschland tatsächlich dem Untergang geweiht ist. Dass in solchen Klassen kaum Muttersprachler sitzen und die Nichtmuttersprachler alles tun, um Sarrazinklischees zu bedienen, ist bedauerlich. Vor allem werfen diejenigen, die stolz darauf sind, bildungsfern zu sein und ihre Bildungsferne auch nicht freiwillig bekämpfen wollen, einen Schatten auf die vielen Tausend Incis, Ceyhans und Sibels. Aber es gibt sie! Sie sind immer und überall präsent.

Am letzten Schultag komme ich in die siebte Klasse. Inci und die anderen haben einen Korb vorbereitet. Ein Foto von der Klasse finde ich im Korb. Und eine Flasche Wein. Und in meinen Augen finden diejenigen, die genau hinsehen, Tränen.

---

26 Es gibt Schulen, an denen das möglich ist. Ich selbst war noch nie auf einer solchen Schule.

› Exkurs: Anmerkungen zu Herrn Sarrazin und ein Gruß an seine zahlreichen Verehrer

Nun mag es sein, dass ich zu denjenigen gehöre, die Sarrazin verachtet, weil ich sein Buch nicht in Gänze gelesen habe. In der Tat habe ich bloß das sechste Kapitel *(Bildung und Gerechtigkeit)* gelesen.[27] Aber eigentlich ist es ja eh so, dass Sarrazin ausnahmslos *alle* verachtet, die anderer Meinung sind als er.

Ich selbst halte viele Ausführungen in dem erwähnten Kapitel übrigens für absolut richtig. Das schreibe ich aber nicht, um von Sarrazin gemocht zu werden, sondern weil auch ich der Meinung bin, dass Schüler mit Büchern in Berührung kommen und vom Computerspielen zunächst ferngehalten werden sollten. Ich bin wie Sarrazin überzeugt davon, dass es für die Entwicklung eines Kindes von herausragender Bedeutung ist, dass es Märchen (oder einfach Geschichten) liest oder vorgelesen bekommt.

Wie Sarrazin halte ich es für fatal, dass man das Nichtwissen immer mehr damit rechtfertigt, dass man mit dem Smartphone ja eh alles in Sekundenschnelle herausfinden kann. Man braucht, wie Sarrazin es formuliert, einen »gewissen Gedächtnisbestand in Geografie und Geschichte«, um gewisse Ereignisse einordnen zu können.

Natürlich halte ich Ganztagsschulen für den richtigen Weg. Nicht wie in Frankreich, wo den Schülern keine Zeit mehr für Hobbys bleibt, weil sie dort im wahrsten Sinne des Wortes in einer Ganztagsschule sind, aber bis 16 Uhr sollten die Schüler in der Schule bleiben. Und dann muss auch Zeit für Arbeitsgemeinschaften sein und, noch wichtiger, für eine konsequente Hausaufgabenbetreuung und gegebenenfalls -hilfe. Eines der Hauptprobleme für viele Lehrer ist, dass Schüler die Hausaufgaben oft nicht machen oder, wenn sie es denn tun, sie schlecht machen oder sie abschreiben. Vor allem für leistungsschwache Schüler wäre es langfristig ein Segen, würden sie noch in der Schule dazu sanft gezwungen werden.

Ist Sarrazin etwa so eine Art Bruder im Geiste? Nein. Sein Buch ist ja vor allem darauf reduziert worden, dass es Kindern mit einem muslimischen Hintergrund als nicht bildungsfähig darstellt. Tatsächlich beruft er sich auf Zahlen, die das belegen sollen. (Und immer wenn Sarrazin mit Statistiken argumentiert, dann leidet sein Text enorm,

---

27 Thilo Sarrazin, *Deutschland schafft sich ab*, 1. Auflage der TB-Ausgabe, S. 187–254, München 2012

denn plötzlich hat man den Eindruck, Menschen sind für Sarrazin nichts anderes als Zahlen.) Er begründet das u. a. damit, dass die Eltern/ Großeltern der Kinder schon in ihren Heimatländern bildungsfernen Schichten angehörten. Nun, mag sein, dass es da eine tolle Zahl gibt, die das bestätigt. Aber leider steht auch fest, dass die Mutter vom Regisseur Fatih Akin – in der Türkei eine Lehrerin – in Deutschland putzen musste. Man wird den Eindruck nicht los, als habe man versucht, die Familie Akin gleich wieder rauszuekeln.

Die Türkinnen, die ich in der siebten Klasse habe kennenlernen dürfen, wirkten übrigens nicht so, als wenn sie »nicht zu lernen brauchen, weil sie heiraten und Kinder bekommen sollen.« An solchen Stellen wird Sarrazin auf ekelhafteste Weise pauschal.

An einigen Stellen schreibt er dann einfach bloß noch Mist. Zum Beispiel rechtfertigt er den Boom der Privatschulen damit, dass sich diese Schulen ihre Schüler aussuchen können. Das stimmt nur zum Teil, denn wenn sie nicht genügend Schüler haben, dann muss ihre Schule schließen oder es müssen Klassen zusammengelegt und infolgedessen Lehrer entlassen werden, und deshalb stocken auch die stolzesten Privatschulen mit Sicherheit gern auf mit Schülern, die nicht ganz so leistungsstark sind. Die Elternschaft ist *kooperativer?* Auch das stimmt nur zum Teil: Die Eltern zahlen für die Bildung ihrer Kinder, deshalb erwarten sie oft auch mehr (meistens heißt das: mehr gute Noten) von der Schule. »Die Lehrerschaft ist häufig engagierter und durchschnittlich besser ausgebildet.« Engagierter? Vielleicht, denn niemand kann sich an Privatschulen auf seiner Lebenszeiturkunde ausruhen. »Besser ausgebildet«? Das hängt davon ab, was man unter guter Ausbildung versteht. Eine Privatschule muss mehr Quereinsteiger nehmen, weil die meisten Lehrer dorthin gehen, wo sie verbeamtet werden. Und das werden sie an Privatschulen nur in den seltensten Fällen – wenn sie vom Land ausgeliehen werden. Und je besser das Zweite Staatsexamen, desto größer die Chance, verbeamtet zu werden.

Ich selbst habe, wie Sie, liebe Leserinnen und Leser, bereits wissen, im Gegensatz zu Sarrazin selbst an einer Privatschule gearbeitet.[28] Zwei

---

28 Ich bin dort trotz meines schwachen zweiten Staatsexamens fest angestellt worden. Ich halte mich deshalb nicht für einen schlechteren Lehrer als jemand mit einem guten Examen. Aber rein formal bin ich: schlechter! Welchen Kriterien folgt Sarrazin wohl, wenn er von »besserer Ausbildung« spricht? Das lässt er im Dunkeln. Wahrscheinlich weiß er es selbst nicht.

Jahre lang. Es waren im Rückblick die schönsten Jahre meiner seltsamen Lehrerkarriere. Weil ich mich unglaublich gut mit dem Direktor und der stellvertretenden Direktorin verstanden habe. Weil die meisten Kollegen entspannt waren. Aber nicht, weil die Schüler so leistungsstark waren. (Ich war allerdings auch an der Abendschule.) Die Schule hat übrigens einen Grundschulzweig für hochbegabte Kinder und konnte sich, als sie ihn einführte, vor Anmeldungen nicht retten. Das liegt allerdings auch daran, dass es in Hamburg eine gewisse Schicht mit hohem Einkommen gibt, die ihre Kinder schon für hochbegabt hält, bevor die Kinder überhaupt geboren worden sind.

Ich könnte noch hundert Seiten über Sarrazin schreiben. Aber das würde niemanden interessieren. Also fahre ich fort mit den Höhepunkten in meinem Lehrerleben.

› Nordrhein-Westfalen

Wulff ist zurückgetreten. Ich bereite eine Folie vor mit Aussagen von Wulff. Die Schüler, die nicht wissen, von wem die Aussagen sind, sollen Vermutungen äußern. Anschließend wird diskutiert, dann werden Leserbriefe aus der Süddeutschen Zeitung miteinander verglichen. Es ist Freitag, siebte und achte Stunde. Aber alle machen mit. Alle sind interessiert. Am Ende der Stunde habe ich ausnahmsweise den Eindruck, die Schüler fanden richtig gut, was ich mir ausgedacht habe. Eine Woche später sagt ein Schüler zu mir, dass er jetzt endlich verstanden habe, worum es gehe.

So oft geschieht es nicht – mir jedenfalls nicht – dass man den Eindruck hat, dass die Schüler erstens wirklich etwas gelernt *und* zweitens Spaß am Unterricht gehabt haben *und* drittens in einem Feedback, zu dem sie nicht gezwungen worden sind, den Eindruck bestätigen.

Wenn es mal so ist, fühlt man sich ungefähr so, wie Thomas Müller sich gefühlt haben muss, als er in der 83. Minute im Champions-League-Finale 2012 im heimischen Stadion das 1:0 gegen Chelsea schoss und dachte: Das war das Siegtor!

› Hamburg/Berlin

Wenn eines meiner Kinder krank war und nicht gerade eine massiv ansteckende Krankheit hatte, habe ich es früher oft mit in die Schule genommen. (Inzwischen sind die Kinder zu alt dafür.) Letztendlich haben *alle* etwas davon: Kein Kollege muss Vertretung übernehmen, die Schüler lernen wenigstens ein bisschen, vor allem lernen die Schüler eine ganz andere Seite des Lehrers kennen. Das schadet höchst selten. Und es sind solche Stunden, die diesen Beruf so einmalig machen. Denn die eigenen Schüler behandeln die eigenen Kinder wie Geschwister. Man muss es erlebt haben, um es zu glauben.

An einer Schule in Hamburg sieht ein afghanischer Schüler mich und meinen anderthalbjährigen Sohn auf dem Pausenhof. Er kommt, hebt meinen Sohn hoch, küsst (!) ihn, schüttelt gerührt den Kopf und geht weiter.

In Berlin flippen die türkischen Mädchen in der siebten Klasse geradezu aus. Als ich wild am Buggy schüttele, damit meine Tochter nicht zu früh einschläft, keifen sie mich an: »Das können Sie doch nicht machen. Was für ein Vater sind Sie eigentlich?«

› Hamburg

In der elften Klasse sitzt in der letzten Reihe ein Mädchen mit Kopftuch. Es ist mein erstes Kopftuchmädchen. Ich spreche den Direktor, der vom ersten Tag an unglaublich herzlich zu mir gewesen ist, obwohl ich nur eine Vertretung bin, darauf an. Er sagt: »Warum soll ich die Kopftücher verbieten, wenn es keine Probleme gibt.«[29]

Ich bin skeptisch. Aber ich stelle fest: Ilhan ist ein fröhliches Mädchen. Sie ist fleißig. Sie lacht viel. Sie strahlt. Sie wird bestimmt nicht gezwungen, das Kopftuch zu tragen, sonst könnte sie nicht so glücklich sein.

Wenn sie, die in der letzten Reihe sitzt, ihrer Nachbarin etwas zuflüstert, höre ich es in der Regel trotzdem. (Diese Schülergespräche entgehen mir grundsätzlich nicht.)

»Ilhan, dass Sie heute Nachmittag ins Kino gehen, gehört hier nicht her.«

»Der bekommt auch alles mit«, zischt sie.

Dann wirft sie mir das fröhlichste Lachen zu, dass mir in den zurückliegenden Jahren zugeworfen worden ist.

Bevor ich die Schule verlasse, bedanke ich mich bei ihr. Ich gebe zu, dass ich Vorurteile gehabt hätte. Und dass sie mich kuriert habe.

---

29 Dieses Zitat möchte ich nicht so stehen lassen, damit es nicht heißt, der Autor – also ich – sei ein Träumer und Verharmloser. Mit Sicherheit gibt es Probleme, sobald die deutschen Mädchen gemobbt werden, weil sie kein Kopftuch tragen. Oder wenn es heißt: »Ich akzeptiere es, wenn jemand kein Kopftuch trägt.« Als müsste man sich dafür bedanken. Und natürlich ist allein die Vorstellung grausam, Mädchen könnten dazu gezwungen werden, die Kopftücher zu tragen.

Habe ich irgendwann mal irgendjemanden so strahlen sehen? – Ich glaube nicht.

› Schleswig-Holstein

Am Ende des zweiten Jahres meines Referendariats, das wegen der Seminarleiter als Horrorjahr in Erinnerung geblieben ist, stehen zwei Schülerinnen meiner neunten Klasse, in der ich die Geschichtsstunde am Examenstag gezeigt habe, plötzlich am Pult. Stille Schülerinnen, denen ich eine Vier gegeben habe. Eine von ihnen hat ihren Vater dennoch beauftragt, bei einer Tombola für einen guten Zweck meine Examensarbeit für zwölf Euro zu ersteigern.

»Wir wollten Ihnen noch etwas sagen.«

»Na dann mal los.«

»Wir wollten Ihnen sagen, dass wir finden, dass Sie eine viel bessere Note verdient haben. Sie waren ein toller Lehrer.«

Ich nicke. Und schlucke. Sind das die Momente, die den Lehrerberuf so einmalig machen?

› Nordrhein-Westfalen

Ich bin als Zweitaufsicht eingeteilt. Zwei 13. Klassen schreiben Bio – Leistungskurs. Über vierzig Schüler sitzen im Raum. Es ist heiß. Der Biolehrer, die Erstaufsicht, hetzt von einem Schüler zum nächsten. Die Schüler verstehen die Aufgaben nicht. Dann verstehen sie den Text nicht. Dann die Tabelle nicht. Es ist ihre letzte Bioklausur vor dem Abitur.

Und was mache ich? Mal lehne ich an der Tür und beobachte die Schüler. Mal werfe ich dem einen, mal dem anderen einen aufmunternden Blick zu. Mal schleiche ich durch die Reihen und gucke den Schülern über die Schulter. Mal zische ich einen Schüler an, und meistens weiß er, warum ich ihn angezischt habe. Macht mich die ganze Fragerei nervös? – Nein.

Die Schüler, die so viele Fragen haben, sind halt so. Es sind auch meine Schüler. Schüler, die ich knapp zwei Jahre zuvor zum ersten Mal unterrichtet habe und die mir bei der ersten Zweitaufsicht den letzten Nerv geraubt haben. Schüler, mit denen ich Schwierigkeiten gehabt habe. Schüler, die mir manchmal die Lust auf den Lehrerberuf genommen haben. Aber auch Schüler, die mit Begeisterung und Leiden-schaft am Unterricht teilgenommen haben. Schüler, deren Eigenarten ich zunehmend einzuschätzen wusste. Schüler, die meine Eigenarten am Anfang weniger, am Ende immer mehr akzeptiert haben. Schüler, die in einigen Einheiten viel von mir gelernt haben. Schüler, die hin und wieder nichts gelernt haben, was manchmal an meinem konfusen Unterricht und manchmal an mangelndem Willen und mangelnder Disziplin der Schüler gelegen hat. Schüler, die ständig gestört haben. Schüler, die konzentriert gearbeitet haben. Schüler, die sich auf Filme wie *La Haine* und *Waltz with Bashir* – weder der eine noch der andere Film tendiert auch nur in Richtung Popcorn-Kino – protestlos eingelassen haben. Schüler eben. *Meine* Schüler.

Nun sitzen sie da. Und ich wäre enttäuscht, würden sie nicht ihre vielen Fragen stellen. Denn dann wären das nicht meine Schüler.

Mit Sicherheit gehört es zum Faszinierendsten am Lehrerberuf, wenn man Schüler wachsen sieht. Entweder im Wortsinn, weil man sie zum ersten Mal als Fünft- oder Sechst- oder Siebtklässler unterrichtet und dann mit diesen Kindern, die zu jungen Männern und Frauen herangewachsen sind, auf dem Abiball tanzt, oder weil sie an Reife gewinnen. Und die meisten gewinnen an Reife.

Apropos Abiball. Ein Abiball beendet die Schullaufbahn. Auf einem Abiball sieht ein Lehrer, der seine Schüler oft lange begleitet hat, seine Schüler in der Regel zum letzten Mal. Ein Abiball soll auch den Reigen aus mehr oder weniger alltäglichen Episoden aus meinem Lehrerleben abschließen.

› Nordrhein-Westfalen

Ich kenne jeden einzelnen Abiturienten, denn ich hatte den ganzen Jahrgang in Geschichte. Es gab Phasen, die anstrengend waren. Phasen, in denen ich keine Lust mehr hatte. Aber es gab auch Phasen, die waren einfach wundervoll. In diesen Kursen hat das geklappt, was fast immer klappt: Irgendwann haben wir – die Schüler und ich – zueinander gefunden. Irgendwann ließen die Schüler mich spüren, dass sie meinen Witz verstanden haben. Plötzlich begannen sie, meine Stärken zu schätzen und mir meine Schwächen nachzusehen oder sie mit Humor zu nehmen. Irgendwann waren wir wie eine Fußballmannschaft. Ich war der Trainer. Über gemeinsame Erfolge freuten wir uns, über Misserfolge ärgerten wir uns.

Als ich den Saal betrete, werde ich mit *Jubel* empfangen. (Nicht der Saal jubelt, sondern die Abiturienten, die mich sehen.) Ich setze mich auf einen Stuhl direkt vor die Bühne, wo das Programm läuft. Eigentlich waren wir Lehrer uns ja alle einig: Die schaffen das nicht, etwas zu organisieren. Aber wir haben sie unterschätzt. Die Generation, die heute ihr Abitur feiert, gehört längst nicht mehr zur Generation Internet. Sie gehört zur Generation Powerpoint. Ein besonders unruhiger Schüler moderiert. Für diese Generation ist das selbst dann kein Problem, wenn hundert Leute im Saal sitzen und einen anstarren.

In meiner Tasche habe ich die Eintrittskarte für meinen eigenen Abiball aus dem Jahr 1992. Später werde ich sie zeigen. Wir haben damals ein Männerballett aufgeführt. Und ein Schüler, den wir mutig fanden, hat moderiert. Er hat die nächsten Programmpunkte angekündigt. Mehr war damals nicht drin. Die, die mehr konnten, landeten beim Fernsehen.

Heute können die Schüler so etwas. Der, der moderiert, ist spontan, er spricht zum Publikum, er spricht mit einer Sicherheit ins Mikrofon, als wenn er noch nie etwas anderes getan hätte. Es gibt auch zwei Co.-Moderatoren. Ein Mädchen, von dem ich dachte, es sei schüchtern, und einen Jungen, der dem Chefmoderator in nichts nachsteht. Zwei Mädchen stehen am Laptop und sorgen dafür, dass das Spektakel angemessen präsentiert wird.

Die Powerpointgeneration! Ich beneide sie um die selbstverständliche Leichtigkeit, mit der sie das, was für uns damals eine Sensation war, von der man nicht wusste, ob sich all das Neue auch wirklich durchsetzen würde, beherrschen.

Natürlich müssen die Lehrer etwas »tun«. Zwei Deutschlehrer dichten um die Wette. Die arme Sportlehrerin muss Armdrücken machen. Der Biolehrer muss mit verbundenen Augen verschiedene Gewürze erkennen. Die Moderatoren albern herum. Ihnen gelingt das Kunststück, die Lehrer vorzuführen, ohne sie lächerlich zu machen. Dann setzt sich der Co.-Moderator auf einen Sessel. Er hat ein Biobuch in der Hand und beginnt mit den Sätzen:

»Tja, und dann hatten wir ja auch Geschichtsunterricht …«

Oha, denke ich, hoffentlich muss ich nicht vorsingen (das müssen später andere).

»… und Herr Ulbricht, also der hat uns ja hin und wieder vorgelesen. Und er hat so vorgelesen, dass ich wirklich nie eingeschlafen bin!«

Pause. Dann: »Und jetzt soll er bitte mal diesen Text aus dem Biobuch so vorlesen, dass wir alle nicht einschlafen.«

Ich atme auf. Das ist etwas für mich. Das mache ich gern. Das ist die Aufgabe, die ich mir, hätte ich die Wahl gehabt, ausgesucht hätte. Ich gehe auf die Bühne, bekomme das Buch in die Hand gedrückt, begrüße das Publikum … und beginne. Erst langsam – ich muss mich erst in diesen Text, in dem es um Dinosaurier und deren DNA geht, einlesen.

Dann werde ich schneller. Und lauter. Und atemloser. Dann gelingt es mir ins Publikum zu gucken. Es gibt einen Zwischenapplaus. Wahrscheinlich nur von den Schülern. Aber von anderen will ich auch gar keinen Applaus haben. Ich lese weiter und genieße den Jubel, der folgt.

Später kommen einzelne Schülerinnen. Eine entschuldigt sich dafür, dass ich bei der Preisverleihung (alle Fachlehrer haben Preise bekommen, nur ich nicht) übergangen worden bin. Ich hätte ja kein Ticket gekauft (hatte ich einer Kollegin abgekauft, die verhindert war), erklärt sie, und man habe gar nicht gewusst, dass ich komme. Die Idee mit dem Biobuch sei ja auch ein spontaner Einfall gewesen. Und dann sagt sie:»Danke, dass sie gekommen sind. Und ... es war toll, wie Sie gelesen haben!«

Auch andere kommen zu mir. Sie sagen das Gleiche. Eine fügt hinzu, sie habe weinen müssen, weil sie so lachen musste. Sie meinte damit nicht, dass sie mich auslachen musste. Ich sage:»Wissen Sie ...«

Sie unterbricht mich:»Jetzt lassen Sie das doch endlich mal mit dem Sie ...«

In der Tat bin ich meistens der Einzige, der die Schüler siezt. Ich habe mir das irgendwann angewöhnt, Schüler ab der elften Klasse zu siezen (was man eigentlich auch muss), und nie wieder damit aufgehört. Es schadet dem persönlichen Verhältnis überhaupt nicht. Und wenn man dann an einem Tag wie diesem zum Du übergeht ... dann gibt es kaum etwas Schöneres im Lehrerberuf.

Die Generation Powerpoint unterscheidet sich eigentlich nicht großartig von unserer Generation. Natürlich hat sich die komplette Kommunikation verändert. Natürlich hat jeder Schüler ein Handy und benutzt es allein an diesem Abend häufiger als ich mein Handy im Verlauf eines ganzen Jahres. Damals, im Jahr 1992, waren Handys noch bestaunte Luxusobjekte. Nicht mal der Schüler, der in der Oberstufe täglich mit dem Mercedes zur Schule kam, besaß eines.

Aber die Generation Powerpoint feiert genauso ausgelassen wie wir damals. Irgendwann beginnen die Schüler zu tanzen. Die Musik kenne ich nicht. Sie berührt mich emotional nicht, aber ich bin da auch nicht der Maßstab: Ich höre kaum mehr etwas anderes als Opern von Wagner und hin und wieder Sinfonien von Gustav Mahler.

Der Lehrertisch ist längst vereinsamt. Vielleicht ist die Atmosphäre – die laute Musik, die tanzenden, euphorisierten Schüler – ja auch nicht einfach auszuhalten, wenn man nicht wie ich ein paar Bier getrunken hat. Und das haben die anderen Lehrer nicht getan. Sie sind ja mal wieder alle mit dem Auto gekommen. Nur ein Lehrer, der auch ein paar Bier getrunken hat, ist nicht mit dem eigenen Auto gekommen.

Immer wieder werden wir aufgefordert zu tanzen.

»Nicht zu der Musik«, sage ich.

»Wozu denn?«

»Zu New Model Army. Oder The Cure.«

Das war Musik, die ich in dem Alter gehört habe. Ich schaue wie erwartet in ein vollkommen irritiertes Gesicht.

»Aber zu den Toten Hosen, da tanzen Sie doch mit, oder?«

Ich nicke. Meinetwegen. Ein anderer Schüler kommt und sagt vollkommen zusammenhanglos: »Herr Ulbricht, regen Sie sich nicht immer so auf, aber bleiben Sie trotzdem so, wie Sie sind. Und lassen Sie sich auf keinen Fall verbiegen!«

Ich verspreche es. In meinem Alter lässt man sich eh nicht mehr verbiegen.

Dann werden wir, der andere Kollege und ich, auf die Bühne gezerrt. Ich kenne nur die uralten Sachen von den Toten Hosen. *Hier kommt Alex* zum Beispiel. Jetzt höre ich zum ersten Mal *An Tagen wie diesen*. Es wird für fünf Minuten zu meinem Lieblingslied. Ich bin mal wieder der Einzige, der es nicht kennt. Vielleicht sollte ich ja doch mal andere Radiosender hören.

Wir sind vier Schüler und zwei Lehrer. Arm in Arm stehen wir auf der Bühne.

»Herr Ulbricht, es ist so toll, dass du da bist!«

Das sagt der Schüler, der neben mir steht und mich auf die Bühne gezerrt hat. Er ist nass geschwitzt und vollkommen betrunken. So wie ich es an meinem eigenen Abiball gewesen war.

Immer mehr Schüler kommen. *Alle* kommen. Und alle Probleme, die es in der Vergangenheit gegeben hat, zwischen den Schülern und zwischen den Lehrern und den Schülern, sind für einen herrlichen Moment verschwunden, als wären sie nie da gewesen. Man denkt nur noch an den gemeinsamen Weg, den man gegangen ist. Ein Weg war es aber eigentlich nicht. Es war wie ein Marathonlauf gewesen. Zwischendurch brannte alles in einem, man verzweifelte an den Schülern, und die Schüler verzweifelten am Lehrer. Aber man hat sich zusammengerissen und ist gemeinsam ins Ziel gewankt.

Den Refrain kann ich irgendwann auch. Es wird gesungen. Mit einem Lachen auf dem Gesicht. Für die Schüler ist es einer der größten Tage in ihrem Leben.

Für mich ist es nicht unbedingt einer der größten Tage meines Lebens. Aber es ist ein wundervoller Abend.

Wir singen … nein … wir brüllen:

> »An Tagen wie diesen, wünscht man sich Unendlichkeit
> An Tagen wie diesen, haben wir noch ewig Zeit
> In dieser Nacht der Nächte, die uns so viel verspricht
> Erleben wir das Beste, kein Ende ist in Sicht
> Erleben wir das Beste, und kein Ende ist in Sicht
> Kein Ende in Sicht!«

Epilog

Ich komme vom Joggen und bin durchgeschwitzt. Meine Laufstrecken hier in Wuppertal sind anspruchsvoller als in Berlin, wo ich auf ebener Strecke durch den Tiergarten gelaufen bin. Und sie sind anspruchsvoller als in Hamburg, wo ich durchs hügellose Niendorfer Gehege gerannt bin. Hier in Wuppertal geht es auf und ab. Dann wieder ab und auf. Die Straße, in der ich wohne, hat schon nach hundert Metern eine Steigung von mehreren Prozent. Auf jeder einzelnen Joggingtour springe ich darüber hinaus mehr Treppenstufen hoch, als in allen Touren in Berlin und Hamburg zusammengerechnet. Daran gewöhnt man sich nur ein bisschen.

Ich sitze auf dem Balkon und trinke Wasser. Es ist ein warmer Tag. Um nicht nach dem Duschen sofort wieder einen Schweißausbruch zu bekommen, lese ich, verschwitzt wie ich bin, Zeitung.

Das alles tue ich an einem Montagvormittag. Nebenan arbeiten auf dem Balkon Handwerker. Freundliche Leute. Einer ruft mir zu: »Na, Urlaub?«

Was soll ich sagen? Soll ich sagen, dass ich gestern, also am Sonntag, einen Test korrigiert habe und den Unterricht für die beiden Doppelstunden am Dienstag vorbereitet habe? Soll ich sagen, dass ich manchmal abends arbeite, während Handwerker abends vor der Glotze sitzen? Soll ich mich dafür rechtfertigen, dass ich hier sitze, während Menschen in *normalen* Berufen arbeiten müssen? Nein, ich sage all das nicht. Stattdessen sage ich: »Ach wissen Sie, ich bin Lehrer.« Die anderen verziehen die Miene. Der eine sagt: »Aber es sind doch gerade keine Ferien.« – »Stimmt, ich arbeite aber nur Teilzeit und habe zwei freie Tage in der Woche.« Nach einer kurzen Pause sage ich mit fröhlichem Tonfall: »Kann nicht jeder Lehrer sein.«

Die Handwerker lachen. Ihre Vorurteile, die wahrscheinlich in ihrem Kopf rumspuken, scheinen wie weggeblasen. Denn da sitzt ein Lehrer, der nicht jammert. Ein Lehrer, der sich einfach über die Vorzüge seines Berufs freut. Mein Nachbar, ein Lehrer, sagte neulich zu meiner Frau, weil sie in den sechs Wochen Sommerferien lediglich zwei Wochen Urlaub nehmen kann: »Augen auf bei der Berufswahl!«

Ein herrlicher Spruch. Warum sollen wir uns nicht einfach freuen über die unendlich langen Sommerferien? Warum sollen wir uns nicht einfach darüber freuen, dass wir auf dem Balkon Unterricht vorbereiten können? Warum sollen wir uns nicht einfach darüber freuen, dass wir uns oft aussuchen können, wann wir arbeiten?

Warum müssen wir uns immer bloß rechtfertigen? Brauchen wir wirklich eine Anleitung zum Glücklichsein, auf der steht, welche Vorzüge unser Beruf hat? Dass zum Beispiel die Flexibilität der Arbeitszeiten ein Geschenk ist, ist doch nichts, wofür man sich entschuldigen muss. Man sollte jeden Tag dankbar sein, dass es so und nicht anders ist. Vor allem (aber nicht nur) dann, wenn man Kinder hat! Denn nur Lehrerehepaare wissen nicht, wie kompliziert es ist, die Betreuung der Kinder in den 13 Wochen Ferien (bewegliche Ferientage inklusive) zu organisieren, wenn nicht beide Elternteile Lehrer sind. Die Organisation vereinfacht sich natürlich erheblich, wenn zumindest ein Elternteil Lehrer ist. Aber wann will man selbst arbeiten, wenn der Partner immer erst um sieben von der Arbeit kommt?

Einer der Handwerker sagt: »Aber mal ehrlich: Ist das nicht schrecklich Lehrer zu sein. Ich meine, die Kinder, die sind doch wild ohne Ende. Und erzogen werden sie auch nicht mehr.« – »Ach wissen Sie, Sie haben schon recht: Es ist ein ewiges Auf und Ab. Manchmal ist man nach 45 Minuten nervlich total am Ende. Aber genau das ist eben auch die große Herausforderung. Wenn man eine schwierige Klasse in den Griff bekommen hat, ist das ein Wahnsinnsgefühl. Vielleicht fühlen Sie sich ja so, wenn Sie den Balkon fertig repariert haben und sehen, dass Ihre Arbeit gut ist. Mal denkt man, es ist ein Horrorjob. Das denkt man fast immer, wenn eine Stunde chaotisch verlaufen ist und die Schüler nicht mitgemacht haben. Aber häufiger denkt man, dass das alles ein Traumberuf ist!« Ich merke, wie ich immer pathetischer werde. »Die Schüler können wie eigene Kinder sein. Man leidet unter ihnen, aber man bekommt viel zurück. Und das ist dann fast wie ein Rausch. Das Tolle am Beruf ist aber auch, dass er selbst dann nicht langweilig ist, wenn es nicht läuft …«

Soll ich jetzt davon erzählen, wie ich als Student auf dem Bau gearbeitet habe? Ich erinnere mich noch an jenen Tag, an dem ich Spanplatten tragen musste. Von einer Ecke in die andere. Mein Arm war schon zehn Zentimeter länger, als ich zum ersten Mal auf die Uhr guckte und hoffte, dass mindestens drei Stunden verstrichen waren. Es waren aber erst vierzig Minuten vorbei. Vierzig Minuten von acht Zeitstunden. Einige Bauarbeiter arbeiteten höchst diszipliniert. Andere bemühten sich, alle Klischees zu erfüllen. Sie tranken zwischendurch Bier. Und stellten ständig die Arbeit ein um zu rauchen, während mein Arm immer länger wurde.

Nein, ich erzähle nicht davon. Die Handwerker hören eh nicht mehr zu.

Wenn Sie weiterlesen möchten ...

André Frank Zimpel

Einander helfen

Der Weg zur inklusiven Lernkultur

Wer viel hat, dem wird gegeben; wer wenig hat, dem wird genommen. Diese Faustformel, auch Matthäus-Effekt genannt, untergräbt die Demokratie und droht unsere Gesellschaft zu spalten.

Sinnvolle Maßnahmen zielen deshalb immer auf Normalisierung: Stärkere helfen Schwächeren. Dasselbe sollte natürlich auch für unser Bildungssystem gelten. Chancengleichheit allein genügt nicht, weil sie viele Fragen offen lässt, wie zum Beispiel: Wie stärkt man möglichst alle Lernenden im gemeinsamen Unterricht? Wie pluralisiert man die Lernwege so, dass niemand auf der Strecke bleibt? Wie vermeidet man bei möglichst allen Lernenden schwächende Frustrationserlebnisse, die als Aversionen die weitere Lernbiografie beeinträchtigen könnten? Diesen Fragen geht das Buch nach und klärt sie in drei Schritten. Die Teilfragen lauten: Welche Faktoren stärken und welche Faktoren schwächen das Lernen nach dem aktuellen Stand der Hirnforschung? Welche Bedeutung haben die typisch menschlichen Fähigkeiten, Hilfe anzunehmen und zu helfen, für die geistige Entwicklung von Kindern? Wie kann gemeinsames Lernen in (integrativen / inklusiven) Schulen so gelingen, dass alle davon profitieren?